원서발췌
마호메트와 샤를마뉴

고전 명작을 읽는 가장 쉬운 길,
'지식을만드는지식 원서발췌'

축약, 해설, 리라이팅이 아닙니다. 원전의 핵심 내용을 문장 그대로 가져옵니다. 작품의 오리지널리티를 가감 없이 느낄 수 있습니다.
두껍고 읽기 어려워 책장을 덮어 버리곤 했던 고전을 발췌합니다. 해당 작품을 연구한 전문가가 작품의 정수를 가려 뽑아냅니다. 핵심만 읽기 때문에 더 빠르게 더 많은 고전을 읽을 수 있습니다. 제외된 부분은 중간중간 친절하게 요약 설명합니다. 풍부한 해설과 주석으로 전체 내용을 파악하는 데 무리가 없습니다. 정확한 번역, 적절한 윤문으로 10대에서 80대까지 누구나 쉽게 읽을 수 있습니다. 콤팩트한 사이즈와 분량이므로 간편하게 휴대할 수 있습니다. 수천 쪽의 고전을 발췌된 내용으로 읽고도 전체 의미를 파악할 수 있는 것이 지식을만드는지식 원서발췌의 매직입니다. 발췌율은 표지에 표시하고 발췌 방법은 일러두기에 상세히 밝힙니다.
고전 독자를 발췌 읽기에서 완역 읽기로, 더 나아가 원전 읽기로 안내합니다. 바쁜 현대인들에게 새로운 고전읽기 방법을 제시합니다.

원서발췌
마호메트와 샤를마뉴

Mahomet et Charlemagne

앙리 피렌(Henri Pirenne) 지음
강일휴 옮김

대한민국, 서울, 지식을만드는지식, 2023

편집자 일러두기

- 이 책은 앙리 피렌의 ≪Mahomet et Charlemagne≫(PUF, 2005)를 원전으로 삼아 번역했습니다.
- 이 책은 35% 정도를 발췌했습니다.
- 외래어 표기는 현행 한글어문규정의 외래어표기법을 따랐습니다.

차례

제1부
이슬람 침입 이전의 유럽

제1장 게르만족 침입 후 서유럽 세계에서 지중해 문명의 존속
  1. 게르만족 침입 이전의 '로마 세계' · 3
  2. 게르만족 침입 · 6
  3. '로마 세계'의 게르만족 · 15
  4. 서방의 게르만족 국가들 · 19
  5. 유스티니아누스(527~585) · 24

제2장 게르만족 침입 후 사회경제적 상황과 지중해 항해
  1. 인신과 토지 · 33
  2. 동방 세계와의 교류. 시리아인과 유대인 · 35
  3. 내륙 상업 · 42
  4. 화폐 및 화폐유통 · 47

제3장 게르만족 침입 후 지적 생활

  1. 고대의 전통 · 51

  2. 교회 · 56

  3. 예술 · 61

  4. 사회의 세속적 성격 · 64

  결론 · 67

제2부

이슬람과 카롤링거 왕조

제1장 지중해에서 이슬람의 팽창

  1. 이슬람의 침공 · 73

  2. 서지중해의 폐쇄 · 80

  3. 베네치아와 비잔티움 · 85

제2장 카롤링거가(家)의 쿠데타와 교황권의 방향 전환

  1. 메로빙거 왕조의 쇠퇴 · 92

  2. 카롤링거 궁재(宮宰)들 · 97

  3. 이탈리아, 교황, 비잔티움. 교황권의 방향 전환 · 99

  4. 새로운 제국 · 110

제3장 중세의 개막
   1. 사회경제적 조직 · 118
   2. 정치조직 · 132
   3. 지적 문명 · 139
   결론 · 145

해설 · 149
지은이에 대해 · 155
옮긴이에 대해 · 158

제1부
이슬람 침입 이전의 서유럽

제1장
게르만족 침입 후 서유럽 세계에서 지중해 문명의 존속

1. 게르만족 침입 이전의 '로마 세계'

로마 제국의 가장 현저하고 근본적인 특징은 지중해적 성격이다. 로마 제국의 동부는 그리스적이고 서부는 라틴적이었지만, 로마 제국 전체는 공통적으로 지중해적 성격을 띠었고, 그럼으로써 통일성을 유지했다. 로마인들이 '우리들의 바다'라고 부른 그 내해(內海)는 사상·종교·상품의 통로였다. 북부 속주들은 만족(蠻族)에 대비한 거대한 외곽 요새지에 불과했다. 생활은 거대한 호수인 지중해 연안에 집중되었다. 속주들의 모든 교통은 지중해로 수렴되었다. 그리고 지중해에서 멀리 떨어진 곳일수록 문명 수준이 떨어졌다. 로마 제국의 주요 도시들(카르타고, 알렉산드리아, 나폴리, 안티오크 등)은 해안에 있거나, 해안에서 멀리 떨어지지 않은 곳에 있었다.

새로운 수도인 콘스탄티노플이 연안 도시였기 때문에 4세기 이후 '로마 세계'의 이러한 지중해적 성격은 더욱 심화되었다. 동방이 활기를 띨수록 그 주도권도 커졌다. 인도 및 중국과의 교역로가 끝나는 곳은 시리아였다. 공산품과 사치품에 관한 한 서방은 콘스탄티노플에 의존했다.

로마 제국에는 상이한 문명들이 있었지만, 그 문명들의 기반은 어디서나 동일했다. 로마 제국 이전 지중해 연안에는 이집트, 티레, 카르타고와 같은 상이한 문명들이 있었지만, 로마 제국이 형성된 이후에는 풍습과 종교가 동일해졌다.

지중해의 해상 교역은 동방에 집중되었다. 동부 지중해의 무역에 종사한 사람들은 주로 시리아인들이었다. 시리아의 선박을 통해 파피루스, 향신료, 상아, 고급 포도주가 심지어 브리튼까지 운송되었다. 이집트에서 고급 직물들이 운송되었고, 수도자들을 위한 식용 식물들도 그러했다. 유대인들도 항해자·중개인·금융업자로서 당시 경제에서 중요한 역할을 했다. 과거에 미트라교와 기독교가 그러했듯이, 금욕주의가 해로를 통해 동방에서 서방으로 전해졌다. 테베레 하구에 있는 항구인 오스티아 없는 로마는 상상할 수 없다. 그리고 라벤나가 서방에서 황제의 거처가 된 것은 해로를 이용해 콘스탄티노플로 용이하게 갈 수 있었기 때문이었다.

이처럼 지중해 덕택에 로마 제국은 경제적으로 통일성

을 유지했다. 방대한 로마 제국에 유통세는 있었지만 관세는 없었다. 그리고 로마 제국 전역에서 4.55그램의 순금을 함유한 금화, 즉 솔리두스 금화가 단일 화폐로서 통용되었다. 콘스탄티누스 치세 이후 전반적인 경제 쇠퇴가 있었지만, 4세기에 경제가 회복되어 화폐가 더욱 활발하게 유통되었던 것 같다.

로마 제국은 만족으로 둘러싸여 있었다. 그러나 변경 지역(사하라 사막 접경 지역, 유프라테스강 유역, 다뉴브강과 라인강 유역)에 주둔하는 로마 군단은 제국을 방어할 수 있었다. 그러나 제방 너머에서 물이 차오르고 있었다. 3세기에, 부분적으로는 대내적 소요 때문에 제방에 금이 가고 이어서 갈라지기 시작했다. 사방에서 프랑크족·알라만족·고트족이 침입했다. 그러나 그들은 격퇴되었고, 국경이 재확립되었다.

하지만 제국의 문을 게르만족에게 닫아 두는 것은 더 이상 가능하지 않았다. 로마 제국의 인구가 감소하고 있었기 때문에 게르만족을 군인과 농민으로 받아들여야만 했던 것이다. 따라서 국경 지방에서 로마 제국은 혈통 면에서 게르만화되었다. 그러나 다른 점에서는 그렇지 않았다. 왜냐하면 로마 제국으로 들어간 게르만족이 로마화되었기 때문이다. 그들은 제국에 들어가자마자 제국의 언어인 라틴어를, 그리고 4세기 이후에는 제국의 종교인 기독교를 받아들였다. 그들은 자신들의 민족종교를 버리고 기독교도가 되어 로마 원주민과 같은 교회에 다님으로써, 이들 원주민과 점차 융합되었다.

머지않아 로마의 군대는 게르만족으로 가득 차게 되었다. 그렇게 군인이 된 게르만족 중에는 로마 제국의 군인으로 명성을 얻은 사람들이 많았는데, 대표적인 인물로 반달족 출신인 스틸리코 장군을 들 수 있다.

2. 게르만족 침입

5세기에 로마 제국은 게르만족으로 인해 그 서부 영토를 상실했다. 로마 제국이 게르만족에게 침략당한 것은 이때가 처음은 아니다. 그들의 위협은 오래전부터 있었고, 라인강에서 다뉴브강에 이르도록 리메스(limes)라고 불리는 장성(長城)을 쌓은 것은 그들의 침입을 막기 위함이었다. 게르만족의 첫 번째 대대적 공격 이후에, 방어를 강화하기 위해 군대 단위를 소규모로 편성해 기동성을 향상시키는 개혁이 실시되었다. 그리고 게르만족을 용병으로 대거 고용했다. 이런 조치 덕택에 로마 제국은 그 후

200여 년 동안 유지될 수 있었다.

서로마 제국이 최종적으로 붕괴된 원인은 무엇이었을까? 로마 제국은 야만족을 저지할 수 있는 요새지들과 군사로 및 오랜 전통을 자랑하는 전술을 갖추고 있었고, 외교술을 발휘해 적들을 분열시키고 매수하는 데 능숙했다. 그리고 침략자들은 서로 협력 관계를 유지하지 못했다. 게다가 로마 제국은 무엇보다도 지중해라는 이점을 가지고 있었다. 반면에 게르만족은 체계적인 규율도 없었고, 병참도 허술해 군대에 식량을 제대로 공급하지 못했다.

로마 제국은 이러한 여러 장점을 가지고 있었지만, 유럽에서 적들과 대치해 있는 상황에서도 아프리카와 아시아의 국경에 군대를 주둔시켜야 했다. 게다가 내정도 불안해 제위를 둘러싼 갈등이 빈번하게 일어났다. 그리고 제국의 백성들은 게르만족을 경멸했지만 그들에 대항해 적극적으로 싸우지 않고 쉽게 굴복했다. 다행히 공격자들도 제국에 적대적이지 않았다. 그들은 제국에 대해 종교적 동기나 인종적 적의가 없었다. 그들은 제국을 증오하기는커녕 오히려 찬양했다. 그들이 원한 것은 제국에 정착하는 것이었다. 그들의 왕들은 로마의 관직을 얻기를 열망했다. 이런 점에서 게르만족은 나중에 침공한 이슬람교도와 달랐다. 게르만족은 이교를 신봉하고 있었지만 기독교에 적대적이지 않았다. 4세기 중엽 비잔티움에서 아리우스파로 개종한 고트족 출신의 울필라스가 드네프르강에 거주하던 그의 동국인인 고트족에게 새로운 종교를 전파했고, 이어서 고트족이 다른 게르만족인 반달족과 부르군트족에게 그 종교를 전파했다.

게르만족은 자신들의 의지로 제국을 공격한 것이 아니었다. 훈족의 진출로 내몰렸을 뿐이다. 훈족에 패배해 동고트족은 판노니아로, 서고트족은 다뉴브강 건너편으로 도망갔다. 로마인들은 그들을 통과시킬 수밖에 없었다. 그들의 수는 얼마나 되었을까? 정확하게 알 수는 없지만, 역사가 슈미트는 총 4만 명이고 그중 전사는 8천 명 정도였다고 추산하고 있다. 그들은 황제의 허락을 받아 국경을 넘었다. 황제는 그들을 로마 군대에 병력을 제공할 의무가 있는 동맹군으로 인정했다.

이것은 아주 새롭고 중요한 사건이었다. 고트족은 제국으로 들어간 뒤에도 자신들의 국적을 유지했다. 그들에게 황량한 산악 지역이 배정되자 반란을 일으켰다(377). 그들은 지중해로 진출하기를 원했으며, 그래서 지중해를 향해 진군하기 시작했다. 378년 8월 9일 아드리아노플에서 황제 발렌스가 서고트족에 패배하고 전사했다. 그들은 콘스탄티노플까지 진출했으나, 발렌스의 뒤를 이어 제위에 오른 테오도시우스 황제가 그들을 격퇴하고 도나우강 하류 남부에서 발칸산맥에 이르는 지역인 모이시아에 정착시켰다. 그러나 그들은 여전히 독립된 민족으로 남아 있었고, 알라리크를 왕으로 선출했다. 알라리크는 자신의 영역을 확장하고 콘스탄티노플을 점령하려고 했다. 그러나 그의 이런 노력을 게르만족 국가를 건설하려는 시도로 보아서는 안 된다.

그들 앞에 길이 열려 있음을 발견한 고트족은 아테네와 펠로폰네소스를 약탈했다. 로마의 장군 스틸리코가 동부로 진군해 그들을 몰아냈다. 그러나 그들은 여전히 제국 내에 있었으며, 아르카디우스 황제는 그들이 동맹군으로서 발칸반도 서부에 정착하는 것을 허락했다. 고트족은 이탈리아를 공격했으나(401) 스틸리코가 그들을 격퇴했다(402). 역사가 슈미트는 알라리크가 자신의 '세계 계획'을 실현하기 위해, 즉 게르만 국가를 건설하기 위해 이탈리아를 공격했다고 주장했다. 이 주장은 추산한 10만 명의 고트족으로 그가 로마 제국을 대치하는 게르만 제국을 건설하려고 했다는 것으로서, 명백히 잘못된 것이다. 알라리크는 자신의 이익을 추구한 용병 대장에 불과했고, 어떤 신념을 가진 인물이 아니었다.

스틸리코가 처형당하자 알라리크는 408년에 다시 이

탈리아로 진군했고, 황제 호노리우스가 화약(和約)을 거절하자 로마를 약탈했다. 그는 로마를 떠날 때 황제의 여동생인 갈라 플라키디아를 데리고 갔다. 이어서 그는 남부 이탈리아로 진군했고, 곡창 지대인 동시에 로마의 서부 속주들 가운데 가장 번성했던 아프리카로 건너가려고 했다. 그러나 그는 410년에 사망했다. 알라리크의 처남인 아타울프스가 그를 계승해 왕이 되었다. 아타울프스는 북쪽으로 방향을 돌려 갈리아로 진군했고, 플라키디아와 결혼해 황제의 처남이 되었다. 그는 로마의 관직을 얻으려 했고, 그래서 황제의 환심을 사려고 했다. 그러나 황제는 그와 교섭하려고 하지 않았고, 해안을 봉쇄했다. 그래서 그는 에스파냐로 진군했는데, 아마도 아프리카로 건너가기 위해서였던 것 같다. 하지만 415년에 부하에게 암살당했고 동생인 왈라가 그를 계승했다. 왈라 역시 아프리카로 건너가려고 했으나 뜻을 이룰 수 없었다. 이 시기 제국의 서부에서는 여러 게르만족들(반달족, 수에비족, 부르군트족 등)이 갈리아를 지나 남쪽으로 이동하고 있었다. 황제는 이들에 대항하기 위해 왈라에게 도움을 청했고, 왈라는 이에 응했다. 418년에 황제는 서고트족이 루아르강과 가론강 사이의 영토(아키텐)에 정착하는 것을 허락했고, 왈라에게 로마의 관직을 수여했다. 그들은 로마군처럼 다루어졌고, 로마군의 병참 규정이 그들에게 적용되었다. 서고트족 왕은 로마인들 위에 군림하지 않았다. 그는 서고트족의 왕이지 아키텐의 왕이 아니었으며, 그의 위에 황제가 있었다. 로마인들에게 이 게르만 왕은 로마 제국에 봉사하는 용병 장군에 불과했다.

갈리아에서 제국 권력이 붕괴된 원인은 가이세리크가 이끄는 반달족이 아프리카로 건너갔기 때문이다. 고트족은 아프리카로 건너가는 데 실패했지만, 가이세리크는 카르타고 선박의 도움을 받아 지브롤터 해협을 건너 5만의 병력을 아프리카 해안에 상륙시켰다(427). 이것은 제국에게 결정타였다. 이어서 가이세리크가 제국 서부의 가장 중요한 해군 기지인 카르타고를(427), 그리고 얼마 뒤에는 사르디니아·코르시카·발레아레스 제도(諸島)를 점령하자, 서방에서 제국의 위치는 완전히 흔들렸다. 제국은 가장 주요한 보루인 지중해를 상실한 것이다. 그리하여 식량 보급이 위태로워졌고, 이는 훗날 오도아케르 반란의 시발점이 되기도 했다. 발렌티아누스 황제가 원정대를 파견했지만 성공하지 못했다(441). 그래서 황제는 아프리카의 가장 비옥한 지역인 카르타고·비자시움·누미디아에 그들이 정착하는 것을 인정해야만 했다(442). 가이세리크는 천재로 알려져 있다. 그는 알라리크와 왈라가 달성하지 못한 일을 해냈기 때문이다. 그는 로마 제국에서 가장 번영했던 속주를 차지함으로써 로마 제국의 서부만이 아니라 동부를 위협할 수 있었다.

한편, 훈족의 왕인 아틸라는 타이스강 연안의 평원에서 출발해(447), 모이시아·트라키아·테르모필레를 약탈했다. 이어서 그는 서쪽으로 방향을 돌려 갈리아를 향해 진군했다. 라인강을 건넜고(451, 봄), 루아르강에 이르기까지 농촌을 초토화시켰다. 충성스런 동맹군인 프랑크족·부르군트족·서고트족 등 게르만족의 지원을 받은 로마의 장군 아이티우스가 아틸라를 저지했다. 454년 아틸라의 죽음으로 그가 이룩한 일시적인 업적들은 사라졌고, 제국의 서부는 훈족의 재앙에서 벗어날 수 있었다.

가이세리크는 455년에 로마를 공격해 약탈했다. 그리고 서고트족 왕인 테오도리크 2세(453~466)는 즉시 지중해 방향으로 진군했다. 한편, 부르군트족은 로마의 동맹군으로서 사부아에 정착했고(443), 리옹 시를 점령했다(457). 마요리아누스 황제는 458년에 리옹을 탈환했고, 이어 가이세리크로 눈을 돌렸다. 460년에 그는 아프리카에 건너가기 위해 에스파냐로 갔으나 그곳에서 암살되었다(461). 리옹은 곧 부르군트족의 손에 들어갔으며, 이들은 론강 유역과 프로방스 국경 지역까지 장악했다. 한편,

동고트족 왕인 테오도리크는 그의 정복을 계속했다. 그는 아를을 공략하는 데 실패했으나, 나르본을 점령했다(462). 그를 계승한 유리크(466~484)는 에스파냐의 수에비족을 공격해 그들을 몰아내고 그 반도를 정복했다.

로마 제국은 그 적들에 저항하기 위해 제해권을 회복해야만 했다. 동로마 제국 황제 레오는 대규모 아프리카 원정을 준비했다(468). 그는 9만 솔리두스와 1100척의 선박을 보냈다고 알려져 있다. 서로마 제국에서 당시 실권자였던 리키메르 장군은 함대를 보유하지 못하고 있었기 때문에, 그가 할 수 있는 일이라고는 협상을 통해 프로방스가 유리크에게 점령당하는 것을 지연시키는 정도였다. 유리크는 이미 에스파냐와 갈리아의 지배자였다. 프로방스도 결국 서고트족의 수중에 들어갔다(476). 이제 로마 제국은 서부 지중해 전역을 상실한 것이다.

동로마 제국도 다뉴브강을 따라 게르만족의 위협을 받고 있었지만 무력했다. 동로마 제국의 유일한 노력은 가이세리크에 대항한 것이다. 따라서 게르만족은 제국을 파괴하려고 작정했으면 틀림없이 성공했을 것이다. 그러나 그들은 제국을 파괴하려고 하지 않았다.

488년에 동고트족을 판노니아에서 몰아내기 위해 제노 황제는 동고트족 왕 테오도리크에게 로마 귀족의 직함을 주고 난 뒤 그들을 이탈리아로 보냈다. 489년부터 이탈리아에서 전투가 벌어졌고, 오도아케르가 체포되어 라벤나에서 암살되었다. 제노에 의해 권위를 인정받은 테오도리크가 이탈리아의 통치를 떠맡았다. 이때부터 샤를마뉴가 등장할 때까지 서방에는 6세기의 짧은 기간을 제외하고 더 이상 황제가 존재하지 않게 되었다.

서방 전역에 게르만족 왕국들이 건설되었다. 즉 동고트족은 이탈리아에, 반달족은 아프리카에, 수에비족은 에스파냐의 갈라시아에, 동고트족은 에스파냐부터 루아르 강 남부 사이의 지역에, 부르군트족은 론강 유역에, 프랑크족은 북부 갈리아에 왕국을 세웠다. 마지막으로 앵글로색슨족은 브리튼 섬에 정착했다.

그리하여 6세기 초에 서방에는 로마 황제의 통치하에 있는 땅이 한 뼘도 없었다. 얼핏 보면 대단한 파국이 닥쳤던 것 같아 보인다. 그래서 서로마 제국의 마지막 황제인 로물루스 아우구스툴루스의 폐위는 세계적 드라마 제2장의 서막으로 여겨졌다. 그러나 세밀히 검토하면 할수록 그 사건은 덜 중요했음을 알 수 있다. 왜냐하면 동로마 황제가 있었고 이 황제는 여전히 합법적 존재로 인정받고 있었으며, 황제는 자신의 권위의 그 어떤 것도 양도하지 않았기 때문이다. 게르만족 왕들도 황제의 수위권을 인정했다. 앵글로색슨족만이 황제를 무시했다. 테오도리크는 황제의 이름으로 통치했다. 부르군트족의 왕인 지기스문트는 황제에게 보낸 편지에서 "나의 민중은 수하를 막론하고 당신의 것입니다"라는 표현을 썼다. 클로비스는 로마 집정관이라는 직함을 받은 것을 자랑으로 여겼다. 그 누구도 감히 황제를 칭하지 않았다. 샤를마뉴 이전에 서방에는 황제가 없었다. 콘스탄티노플은 여전히 이 복합체의 수도였다. '로마 세계'는 살아남았던 것이다.

3. '로마 세계'의 게르만족

게르만족의 침공에도 불구하고 북부 국경 지역과 브리튼을 제외하면 '로마 세계'는 여전히 손상되지 않았으며, 달리 될 수도 없었다. 우선, 새로운 이주민들은 소수였다. 여러 역사가들이 다양한 수치를 제시하고 있지만, 서방에 정착한 게르만족은 많게 잡아도 전 주민의 5% 미만이었을 것이다. 게다가 그들은 결집된 조밀한 집단도 아니었다. 반달족의 경우를 예외로 한다면, 게르만족은 침입했을 때 로마 지주들에게 부과된 주둔법에 따라 로마 주민들 사이에 흩어져 있었다. 그런데 소수의 사람이라도 이들이 실제적으로 지배하려고 작정하면 사회 전체를 변형시킬 수 있다. 예컨대 잉글랜드에서 노르만인의 경우나, 정복지에서 이슬람교도의 경우가 그러했다. 그러나 게르만족은 제국을 파괴하려고 하지 않았고, 제국을 경멸하기는커녕 찬양했다.

게르만족 남성과 로마 여성이 결혼하는 경우가 꽤 있었다. 이들 사이에서 난 아이들은 어머니의 언어를 말했다. 이런 경우 게르만족은 언어 면에서 급속하게 로마화되었다. 일부 역사가들은 서고트족이 그들 고유의 언어를 보존했다고 가정했지만 이에 대한 증거는 없다. 동고트족의 경우 여전히 고트어를 말하는 사람들이 일부 있었지만, 이런 사람들은 북부에서 온 고립된 소수였음에 틀림없다. 그리고 고트어가 보존되었다면 라틴어에 그 언어의 흔적이 남아 있을 것이다. 하지만 일부 차용한 단어들을 제외하면, 그런 흔적은 발견되지 않는다. 라틴어의 발음도 문장 구조도 게르만어 영향의 흔적을 보이지 않는다. 게다가 우리는 게르만어로 쓰인 텍스트나 문서를 단 하나도 발견할 수 없다. 메로빙거 시대 이전에 프랑크족은 세속어로 살리법을 작성했는데, 이는 유일한 것이다. 가장 초기의 게르만 입법자인 유리크는 라틴어로 썼으며, 모든 다른 게르만 왕들도 마찬가지였다.

그러나 게르만법은 살아남았다고, 즉 로마인에게 적용되는 로마법과 게르만족에게 적용되는 게르만법이 있었다고 말할 수 있을 것이다. 그러나 유리크의 법률에서도 게르만법은 이미 로마식으로 해석되었다. 그리고 유리크 이후 로마의 영향은 더욱 현저해졌다. 동고트족은 그 지방의 로마법을 사용했다. 게르만법은 앵글로색슨족·살리 프랑크족·리프아리아 프랑크족·알라만족에 의해 식민화된 지방들에서만 살아남았다. 살리법이 클로비스 치세 이후 갈리아의 법이었다는 것은 아주 잘못된 믿음이다. 그 법의 적용 범위는 최북부에 한정되었다. 프랑크족의 살리법처럼 초보적인 법은 루아르강 남부에 적용될 수 없었다.

게르만족은 제국 안에 정착한 후 그들의 모든 원초적 특징들을 상실했고, 로마적인 환경의 영향을 받았다. 물론 처음에는 게르만 왕들이 불완전하게만 로마화되었다. 예를 들면 유리크와 가이세리크는 라틴어를 거의 알지 못했다. 그러나 테오도리크는 비잔틴의 영향을 많이 받았다. 그는 7세 때 인질로서 콘스탄티노플에 보내진 뒤 18세 때까지 그곳에서 교육받았고, 제노 황제의 양자가 되었으며, 황녀와 결혼했다. 그의 사위인 에베르무드는 자기 민족의 대의를 지키기보다는 콘스탄티노플에서 귀족으로 사는 것을 선호했다. 다른 게르만족 왕들에서도 비슷한 경우를 흔히 찾아볼 수 있다. 시간이 흐름에 따라 로마화의 과정은 가속되었다. 가이세리크 이후 반달 왕들은 제국의 영향권 안에 다시 들어갔다. 서고트족 사이에서도 로마화가 지속되었다. 게르만적 요소가 유지된 곳은 북부뿐이었다.

간단히 말해, 비록 북부에서 다소 축소되기는 했지만 여전히 '로마 세계'는 살아남았다. 물론 그것은 점차 나쁜 방향으로 변질되고 있었다. 생활의 모든 영역, 즉 예술·문학·과학에서 후퇴는 명백했다. '로마 세계'는 그 관성 덕택에 유지되었다. 그 자리를 차지하는 것은 아무것도 없었고, 그 누구도 이런 현상을 타파하려고 시도하지 않았다. 성직자들이나 세속인들 모두 어떤 다른 형태의 문명이 있을 수 있다고 생각하지 않았다. 쇠퇴가 만연한 가운데 오직 한 가지 도덕적 힘이 유지되었다. 교회가 바로 그것이다. 교회 덕택에 제국이 존속했다. 교회는 비잔틴 황제들과 불화를 빚기도 했지만, 여전히 황제들에게 충성했다. 교부들은 로마 제국이 신의 뜻에 따라 존재하며 기독교에 필수 불가결하다고 말하지 않았던가? 교회는 제국의 조직을 모델로 해서 교회를 조직하지 않았던가? 교회는 제국의 언어를 사용하지 않았던가? 교회는 로마의 법과 문화를 보존하지 않았던가? 고위 성직자들은 로마 원로원 가문에서 충원되지 않았던가?

4. 서방의 게르만족 국가들

로마 제국에 건설되고 로마인이 다수를 이루는 게르만 왕국들에서, 게르만족의 부족 제도가 유지될 수 없었음은 자명하다. 게르만족의 부족 제도는 앵글로색슨족의 왕국들 같은 곳에서만 존속할 수 있었다.

게르만 왕국의 왕은 자기 민족의 왕이었다. 그들은 자신들을 고트족의 왕·반달족의 왕·부르군트족의 왕·프랑크족의 왕이라고 불렀다. 그러나 로마인이 볼 때 그들은 황제의 휘하에 있는 로마 장군들에 불과했다. 실제로 그들은 로마 장군으로서 로마인들에게 다가갔고, 그런 직함을 자랑스럽게 여겼다. 클로비스는 로마의 집정관 직을 받았다. 테오도리크는 로마의 총독이었으며, 법령이 아니라 칙령만을 반포했다.

고트 왕국에서 고트족은 군대만을 담당했다. 모든 행정관은 로마인이었고, 원로원도 존속했다. 로마의 행정 조직·자치 조직·재정 조직도 그대로 존속했다. 테오도리크는 황제의 이름으로 주화를 발행했다. 그는 또 플라비우스라는 로마식 이름을 사용했는데, 이것은 그가 로마의 국적을 택했음을 나타내는 표시다. 그의 호위대는 비잔틴 제국의 것을 모방해 조직되었고, 궁정의 모든 의식도 마찬가지였다. 고트족의 사법 조직도 완전히 로마적이었다. 즉 고트족에게 적용되는 어떤 특별한 법이 없었다.

  물론 로마의 영향이 고트족 이외의 다른 게르만족들에게도 그렇게 심원했다고 말할 수는 없을 것이다. 반달족의 가이세리크는 고트족의 테오도리크와는 달리 로마인들을 가혹하게 대했으며, 기독교를 박해했다. 반달족은 로마인 지주들을 추방하거나 그 토지를 수용했다. 하지만 귀족들이 자신의 이익을 위해 부족 제도를 보존할 목적으로 일으킨 반란을 가이세리크가 진압한 후, 모든 게르만법, 더 적절하게 말해서 모든 게르만 제도는 사라지고 말았다. 그의 정부는 로마적인 정부였다. 그는 황제 호노리우스의 흉상이 들어 있는 주화를 발행했으며, 이 주화에 새겨진 글씨는 로마 문자였다.

  게르만족 침입 이전의 에스파냐와 갈리아는 이탈리아나 아프리카와 달리 그렇게 완전하게 로마화되지 않았던 곳이었다. 그러나 에스파냐에 정착한 서고트족은 법적으로 로마인들보다 우위에 있는 것으로 여겨지지 않았다.

왕은 자기 신민들을 총칭해서 '나의 백성'이라고 불렀다. 그러나 각 부족에게는 각자의 법이 있었고 또 처음에는 로마인과 서고트족이 결혼하지 않았다. 아마 종교적 차이, 즉 서고트족이 아리우스파 신자라는 점이 로마인과 서고트족이 결혼하지 않았던 이유 중 하나였을 것이다.

게르만족 왕은 전제적이었다. 왕은 세습되었으며, 백성들은 통치에 참가하지 못했다. 모든 관리들은 왕이 임명했다. 그런데 적어도 궁중에는 게르만족 고관보다 로마인 고관이 훨씬 많았다. 지방의 공작들과 도시들의 백작들도 주로 로마인이었다. 그리고 도시들에서 로마 시대의 참사회가 유지되었다.

사법 제도에는 게르만적 요소의 흔적이 조금도 없었다. 고트족과 로마인들의 관계를 규정하기 위해 475년에 반포된 유리크 법전은 로마 법률가들에 의해 작성된 것으로서, 완전히 로마화되어 있었다. 교회는 왕에게 종속되어 왕이 주교의 선출을 재가했다. 가톨릭교도에 대한 실제적인 박해는 거의 없었다. 세월이 흐름에 따라 로마화는 더욱 현저해졌다. 레오비길드(568~586)는 고트족을 위한 특별법의 흔적을 없앴고, 또한 로마인과 고트족의 결혼을 인정했다.

게르만족 왕들은 로마화되었다. 그들의 궁전에는 로마

인 시인과 수사학자가 많았다. 부르군트족의 왕인 지기스문트는 자신이 로마 제국의 군인인 것을 자랑으로 여겼으며, 그의 나라는 제국의 일부라고 선언했고, 황제로부터 로마 귀족의 칭호를 받았다. 그리고 부르군트족은 제국의 군인으로서 서고트족과 대항해 싸웠다. 이처럼 그들은 자신이 제국에 속한다고 여겼다.

이처럼 동고트족·서고트족·반달족·부르군트족은 로마식으로 통치되었다. '게르만적 원칙'의 흔적은 거의 없거나 전혀 없었다. 새로운 것이 한 가지 있었는데, 토지의 분배 덕택에 군 복무는 무상이었다. 그 외에 살아남고 기능한 모든 것은 로마적이었다.

프랑크족은, 심지어 침략 초기부터도 다른 게르만족과 달랐다고 가정되어 왔다. 왜냐하면 결과적으로 프랑크족이 카롤링거 시대에 실제로 유럽을 개조했기 때문이다. 하지만 그들이 6세기에도 유럽을 변모시키는 그 어떤 것을 했을까? 나는 결코 그렇다고 생각하지 않는다. 북부 지역에서 프랑크 국가가 순수하게 게르만적인 주민을 유지한 유일한 국가라는 점에는 의문의 여지가 없다. 그러나 메로빙거 시대에 프랑크 국가는 중요한 역할을 하지 않았다. 카롤링거 시대까지 프랑크 국가는 근본적으로 네우스트리아를 기반으로 하는 로마적인 국가였다.

그러나 한 가지 중요한 면에서 프랑크족은 서고트족이나 부르군트족과 달랐다. 그들은 주둔법이나 로마인과의 결혼 금지를 시행하지 않았고, 아리우스파가 아니라 가톨릭교도였다. 그래서 그들은 갈리아의 로마인들과 쉽게 융합할 수 있었다. 그럼에도 불구하고 그들의 로마화는 덜 효과적이었다. 왜냐하면 그들의 왕은 파리에 살았기 때문이다. 즉 라벤나 · 툴루즈 · 리옹 · 카르타고 등의 도시들보다 덜 로마화된 환경에 살았기 때문이다. 그러나 그들은 할 수 있는 한도 내에서 최대한 옛 로마의 제도를 보존했고, 따라서 프랑크 국가가 더 게르만적이지는 않았다. 전부는 아닐지라도 거의 대부분의 왕의 관리들은 갈리아의 로마인 중에서 채용되었다. 심지어 프랑크 왕국의 최고 장군으로 꼽히는 무몰루스도 갈리아의 로마인이었던 것 같다. 게다가 프랑크 왕들은 비잔틴 황제들과 접촉을 유지하려고 애썼다. 따라서 프랑크족 사이에서도 전통적인 로마적 요소들이 보존되었다고 할 수 있다.

게르만 왕국들은 세속적이라는 점에서도 로마 제국을 계승했다. 게르만 왕국의 모든 행정은 세속적이었다. 일반적으로 주교들은 왕들과 사이가 좋았지만, 주교들 중 관직을 차지한 자는 별로 없었다. 이 시기와 중세 사이의 한 가지 큰 차이가 여기에 있다. 샤를마뉴의 정책이나 제국

주교들에게 통치를 맡긴 오토 1세의 정책과 현저하게 차이 나는 부분이 바로 이런 점이다. 따라서 세속적인 메로빙거 국가는 종교적인 카롤링거 국가와 현저하게 달랐다. 왕 자신은 순전한 세속인이었으며 그의 권력은 어떤 종교적 의식에도 의존하지 않았다. 교회는 왕에 종속되었다. 비록 이론적으로는 주교들이 성직자들에 의해 임명되었지만, 실제로 그들은 왕에 의해 직접 임명되는 경우가 많았다. 왕 자신은 순전한 세속인이었으며 그의 권력은 어떤 종교적 의식에 의존하지 않았다는 면에서도 고대의 질서는 지속되었다.

5. 유스티니아누스(527~585)

게르만족에 의해 서방이 분할된 후 로마 제국의 이념이 사라졌다고 가정하는 것은 잘못이다. 비잔틴 황제가 제국 전체를 통치하지는 않았지만, 제국 전체에 군림했다. 그를 필요로 했던 교황도 비잔틴 황제를 교회의 합법적 주권자로 인정했다.

반달족 왕을 예외로 한다면, 다른 게르만족 왕들은 비잔틴 황제를 자신들의 주군으로 인정했다. 그래서 주화에 그의 초상을 새겼고, 그에게 관직과 호의를 간청했다. 유스티니아누스는 프랑크 왕 테오데베르트를 양자로 삼기도 했다. 게르만족 왕들 사이에 불화가 발생하면 콘스탄티노플에 중재를 요청했다. 따라서 비잔틴 황제가 상실한 제국을 회복하려고 시도한 것은 당연했다. 유스티니아누스의 경우, 정교를 재확립하려는 소망 때문에 제국을 회복하려는 열망은 더욱 컸다.

비잔틴 제국은 서부 지중해 연안의 거의 전부를 상실했지만 여전히 제국을 재구성하는 위대한 사업을 시도할 수 있었다. 그 제국은 해군을 갖추었고, 교회의 지지를 받았으며, 이탈리아에서는 로마 대가문들의 지지에 의존할 수 있었고, 아프리카에서는 전제정의 박해를 피해 비잔틴 궁정에 피신한 반달족 귀족들의 도움을 기대할 수 있었다. 그리고 유스티니아누스는 성공의 확률을 최대한 높이기 위해 원정에 착수하기 전 페르시아 제국과 조약을 맺었다(532).

한편, 이탈리아에서 동고트족 왕 테오도리크가 526년에 사망했다. 그는 숨을 거두면서 게르만 관습과는 정반대로, 로마 황제처럼 자신의 후계자를 지명했다. 당시 10세인 손자 아탈라리크가 후계자로 지명되었고, 그의 모친인 아말라순타가 섭정이 되었다. 아말라순타는 유스티니아누스의 동의하에 권력을 행사했다. 그녀는 유스티니아누스를 상당히 존경하는 태도로 대했기 때문에 그는 무력을 동원하지 않고도 이탈리아 탈환이 가능할 것이라고 느꼈던 것 같다. 따라서 유스티니아누스는 공격의 방향을 반달족 쪽으로 정했다. 비잔틴 장군인 벨리사리우스는 단 한 차례의 전투(533)로 당시 권좌를 차지하고 있던 겔리메르에 승리를 거두고, 아프리카 전 해안을 차지했다. 이곳에서 반달족은 곧 로마 주민들에 동화되었고, 다시 어떤 분란을 일으키지 않았다. 이리하여 제국의 속주들 가운데 가장 부유한 곳인 아프리카는 다시 한번 제국에 속하게 되었다.

유스티니아누스가 아프리카를 수복한 지 얼마 안 되어 동고트족의 어린 왕인 아탈라리크가 죽었다(534). 그의 모친인 아말라순타는 권력을 유지하기 위해 사촌인 테오다하드와 결혼했으나 이듬해(535) 그에 의해 살해되었다. 유스티니아누스가 즉시 개입했다. 벨리사리우스는 시칠리아를 점령했고(535), 그리하여 아프리카 정복을 완성했다. 이어서 그는 이탈리아에 상륙해 나폴리와 로마를 점령했다(536). 동고트족은 장군인 비티게스를 왕으로 추대하고 저항했다. 비티게스는 벨리사리우스가 머물고 있던 로마로 진군했으나 패배하고 평화 협상을 제안했다. 동고트족은 벨리사리우스가 자신들의 생명과 토지를 보장하는 조건으로 그에게 왕위를 제안했다. 벨리사리우스는 그 제안을 받아들였고, 고트족 군대는 자신들의 새로운 왕에게 충성할 것을 서약했다. 황제는 임무를 완수한 벨리사리우스를 소환했다. 그는 소환에 응했고, 비티게스와 그 외에 자신을 따르는 많은 다른 고트족을 데리고 비잔티움으로 돌아갔다. 벨리사리우스의 이런 행동은 동고트족이 보기에 배신행위였다. 그래서 이탈리아 북부의 고트족이 반란을 일으키고, 서고트족 왕의 조카인 일디바드를 왕으로 추대했다. 일디바드는 곧 이탈리아 재정복에 착수했다.

이 시기에 이탈리아 주민들은 제국이 부과한 중과세에 시달리고 있었다. 비잔틴 제국의 통치에 적대적이었고 따라서 자신에 우호적이었던 이탈리아 주민들 덕택에 일디바드는 일련의 승리를 거두었으나 곧 암살당했다. 그의 계승자인 에라릭은 즉시 유스티니아누스와 협상을 시도해, 자신의 군대를 배신하고 로마 귀족의 직함을 대가로 콘스탄티노플에 거주지를 가질 것을 제안했다. 그는 자신의 계획을 실행에 옮기기 전에 암살되었다(541). 일디바드의 사촌인 토틸라가 뒤를 이었고, 그는 로마를 함락했다 (546. 12. 17). 이어서 그는 유스티니아누스와 협상을 시도했으나, 유스티니아누스가 거부했다. 황제가 협상을 거절했기 때문에 전쟁을 해야만 했던 토틸라는 시칠리아·사르디니아·코르시카를 재정복했고, 아드리아해의 지배자가 되었다.

그러나 유스티니아누스는 이탈리아를 포기하지 않았다. 나르세스가 2만의 병력을 이끌고 이탈리아에 상륙했다(551). 그는 토틸라를 패퇴시켰고, 토틸라는 전사했다. 그의 계승자인 테이아스는 필사적으로 저항했지만 베수비오의 산기슭에서 패배하고 전사했다(553). 이탈리아는 로마의 속주로 재조직되어 비잔틴의 태수가 라벤나에 상주했다.

유스티니아누스는 일단 아프리카와 이탈리아를 재정복하자 에스파냐로 방향을 돌렸다. 그곳에 내분이 발생했기 때문에 그가 개입할 수 있었다. 즉 당시 그곳에서 아타나길트와 아길라가 내전을 벌이고 있었고, 아타나길트가 유스티니아누스의 군대를 에스파냐에 상륙시켰다. 아길라는 패해 살해되었고, 아타나길트가 새로운 왕으로 추대되었다. 이리하여 이제 로마인은 프로방스를 제외하고 티레네 해의 모든 해안을 장악했다. 지중해는 또다시 로마의 호수가 된 것이다.

유스티니아누스가 사망했을 때 로마 제국은 복원되어

있었다. 그러나 제국은 심각하게 피폐해 있었고, 곧 새롭고 끔찍한 전쟁의 소용돌이로 끌려들어 갔다. 유스티니아누스의 치세 이후에 도처의 국경에서 전쟁이 일어났다. 페르시아인·슬라브인·아바르족이 제국을 공격했다. 그러나 이 시기의 가장 중요한 사건은 568년 롬바르드족(랑고바르드족)이 북쪽에서 이탈리아를 침입한 것이다. 575년이 되어 그들은 스폴레토와 베네벤토에 이르렀지만, 로마·라벤나·나폴리는 정복하지 못했다. 다른 한편, 서고트족은 에스파냐를 재정복했고 제국은 발레아레스 제도(諸島)만을 유지했다. 그러나 제국은 아프리카·시칠리아·남부 이탈리아를 여전히 장악하고 있었기에 지중해의 제해권을 유지할 수 있었다.

이탈리아로 진출한 롬바르드족은 브리튼을 침략한 앵글로색슨족만큼이나 게르만적이었다. 그들은 주민들을 유린하고 토지를 빼앗았으며, 주민들을 피정복민의 지위로 격하시켰다. 그들의 정착은 테오도리크가 이끌었던 고트족의 정착과 현저한 대조를 이루었다. 군대에 의해 선출된 그들의 공작과 왕들은 순전히 게르만적이었다. 그들은 여전히 씨족 체제를 유지하고 있었다. 그들의 법과 관습은 로마의 영향으로 바뀌지 않았다.

롬바르드족이 이탈리아에 등장하자 교황청은 다시 비

잔티움에 의존해야만 했다. 왜냐하면 황제 이외에는 교황을 지원해 줄 수 있는 세력이 없었기 때문이다. 그리하여 이 시기부터 교황은 비잔틴 황제에 종속되었다. 교황의 선출은 비엔나에 상주하는 비잔틴의 태수가 재가했다. 이는 교황이 황제에 종속되었음을 잘 보여주는 것이다. 그리고 교황도 자신을 황제의 신민으로 여겼다.

롬바르드족의 침입은 유스티니아누스 치세에 적대적이었던 프랑크족과 비잔틴 황제가 우호적인 관계를 맺는 결과를 초래했다. 569~571년에, 그리고 574년에 롬바르드족이 갈리아를 침공했다. 이런 사건으로 프랑크족과 비잔틴 제국이 일시적으로 가까워졌던 것이다.

비잔틴 제국의 외교는 프랑크족과 롬바르드족 사이에 적대감을 유지하게 해서 이탈리아를 보존하려는 것이었다. 그래서 황제는 프랑크 왕국의 힐데베르트를 돈으로 매수해서 이탈리아 원정을 가게 했다. 힐데베르트는 돈을 염두에 두고 이탈리아로 원정을 갔으나 롬바르드족과 평화 협정을 체결하고 돌아왔다.

롬바르드족은 비잔틴 제국과 프랑크 왕국의 동맹이 그들에게 위험할 것임을 깨닫고, 클레프 왕이 죽은 뒤 10년 동안 왕위 계승자를 뽑지 않고 있다가 584년에 클레프의 아들인 아우타리를 왕으로 선출해 왕정을 회복했다. 아우타리는 즉시 비잔틴 제국에 적대적인 태도를 보였다. 비잔틴 제국은 함대 덕택에 라벤나가 함락되는 것은 면할 수 있었다.

그러나 아우타리는 비잔틴 황제만이 아니라 프랑크족도 위협했다. 그 결과, 588~589년에 힐데베르트는 롬바르드족과의 전쟁 준비에 관해서 황제의 자문을 구하기 위해 사신들을 콘스탄티노플에 보냈다. 그리고 라벤나에 상주하는 비잔틴 태수가 아우타리를 공격했다(590).

롬바르드 왕국은 상대 진영의 분열로 살아남았다. 당시 비잔틴 제국은 페르시아와의 전쟁이 끝났기 때문에 프랑크 왕국의 도움이 필요 없다고 판단해 그 왕국과의 관계를 단절했다. 이것은 재앙적인 조치였고, 롬바르드족이 대성공을 거두는 시발점이었다. 더구나 비잔틴 제국은 페르시아와 전쟁을 재개했고, 침입해 온 아바르족을 막아야만 했다. 그래서 비잔틴 제국은 롬바르드족을 방치할 수밖에 없었다. 반면에 프랑크족은 662~663년에 시도한 이탈리아 원정이 실패로 끝나자 이탈리아에 개입하는 것을 삼갔다. 그래서 비잔틴 황제는 마침내 680년에 롬바르드족과 평화 조약을 맺어, 이탈리아를 롬바르드족과 분할했다.

부분적으로 제동이 걸렸음에도 비잔틴 제국은 여전히

유일한 세계열강이었다. 당시 콘스탄티노플은 가장 위대한 문명 도시였다. 비잔틴 제국의 대외 정책은 유럽의 모든 국민을 포함했고, 게르만 국가들의 정책을 지배했다. 8세기까지 역사에서 유일한 긍정적 요소는 비잔틴 제국의 영향이었다. 콘스탄티노플에서부터 비잔틴주의는 점차 서방을 향해 나아갔다. 왜냐하면 서방에는 그에 대응할 만한 것이 아무것도 없었기 때문이다. 그래서 비잔틴의 패션과 예술이 바다를 통해 서방 전역에 퍼졌다. 일군의 그리스 성직자들이 로마와 남부 이탈리아 전역에 퍼졌다. 비잔틴주의의 영향은 에스파냐, 그리고 당연히 아프리카 전역에서 감지되었다. 분명히 미래에는 켈트족 요소와 앵글로색슨족 요소에 의해 약간 변형된 서방의 비잔틴화를 보게 될 것이었다. 서방 문화에 대한 비잔틴 문화의 우월성이 너무 컸다. 일단 지중해가 동방과 서방의 중요한 교류 수단이 되고 또 유지되자, 서방에 대한 동방의 우위는 불가피했다. 비잔틴 제국이 계속해서 장악했던 지중해를 통해 비잔틴 제국의 영향이 사방으로 전해졌다. 그 시기의 문명은, 서방에서나 동방에서나 모두 지중해 유역에서 발견되었다. 게르만적 요소 그 자체에서는 그 어떤 것도 더 이상 기대할 수 없었다.

제2장
게르만족 침략 후 사회경제적 상황과
지중해 항해

1. 인신과 토지

　인신과 토지의 체제에 관한 한, '로마 세계'는 게르만 침략에 의해 크게 변하지 않았다. 물론 일정한 약탈과 폭력이 있었다. 그러나 태풍 뒤에 고요가 찾아왔다. 게르만족이 정착하자마자 사회는 안정을 되찾았다. 그러나 정착과정은 어떠했을까? 게르만족의 정착은 어떤 절대적인 대변동을 초래하지 않았다. 토지의 재분배는 없었으며, 새로운 경작법의 도입도 없었다. 로마의 소작인들은 여전히 토지에 얽매여 있었고, 이제는 부과금을 로마인 대신 게르만 주인에게 지불했다. 노예들은 정복자들에게 분배되었다. '로마 세계'의 그 어디에서도 잉글랜드의 경우와 같은 농업 제도의 변화는 발생했던 것 같지 않다.
　황제령은 어떤 변화 없이 국왕 국고로 귀속되었다. 갈리아 · 에스파냐 · 이탈리아에는 여전히 라티푼디움이 있었다. 교회의 대영지도 영향을 받지 않았다. 아리우스파

신앙이 어떤 상황 변화를 초래했던 것 같지는 않다. 심지어 반달족의 경우에도 새로 정착한 자들이 영지의 옛 주인을 대체했을 뿐이었다. 로마의 토지 보유 제도는 프레카리움과 은대지의 형태로 유지되었다.

부과금은 대체로 화폐로 지불되었으며, 이는 상품이 유통되고 시장에서 거래되고 있었음을 보여 준다. 중세 폐쇄 경제의 징조는 아직 나타나지 않았다. 상당한 양의 곡물이 여전히 유통되고 있었다. 반달족이 지배하던 아프리카는 곡물과 올리브의 재배로 여전히 번성을 유지했다. 갈리아도 이전과 마찬가지로 경작이 유지되었다. 로마 시대에 포도 재배가 행해졌던 곳에서는 포도가 계속 재배되었다. 당시의 기록에서 쇠퇴 상태에 있는 지방을 암시하는 부분은 전혀 찾아볼 수 없다.

사회 계급도 이전과 동일했다. 상위 계급은 대지주 귀족을 포함한 자유민들로 구성되어 있었다. 원래 의미의 자유 시민계급은 소수였다. 그들 밑에 콜로누스와 해방 노예가 있었으며, 특히 서고트족 지역에 콜로누스가 많았다. 노예들은 여전히 많았는데, 이들은 앵글로색슨족을 비롯한 이방인 게르만족들 및 전쟁 포로들이었다. 그 외에 도시민들도 있었다.

2. 동방 세계와의 교류. 시리아인과 유대인

제국의 두 부분 가운데, 동방의 문명은 서방의 문명보다 뛰어났다. 동방 제국은 해로를 통해 베네치아 및 서방과 교류했다. 그 당시 시리아는 중국과 아라비아에서 온 대상(隊商)이 도착하는 곳이었기에 특히 활발한 곳이었다. 시리아인들은 17세기 네덜란드인들처럼 뛰어난 해운업자들이었다. 바로 시리아 선박을 통해서 동방의 향신료와 동방 대도시들(안티오크, 다마스쿠스, 알렉산드리아 등)의 공산품이 수출되었다. 지중해의 모든 항구에서 시리아인을 찾아볼 수 있었으며, 그들은 내륙에도 진출했다. 그들은 알렉산드리아 · 로마 · 에스파냐 · 갈리아 · 브리튼, 심지어 다뉴브 강변에도 정착했다.

게르만 침략으로 상황이 달라진 것은 전혀 없었다. 가이세리크의 해적 행위가 항해에 다소 장애가 되었을 것이다. 그러나 그가 사라지자 이전과 마찬가지로 항해가 활발하게 이루어졌다.

6세기 특히 갈리아 남부에 많은 동방인들이 있었다. 그래서 아를의 성(聖) 카이사르는 주민들을 위해 라틴어와 그리스어로 성가를 작곡했다고 알려져 있다. 갈리아의 북부에도 동방인들이 많았다. 그래서 6세기에 투르의 주교인 그레고리우스는 자신의 저서에서 오를레앙에 있는 그리스 상인들에 대해 언급하고 있다.

이런 상인들 중에는 매우 부유한 자들이 있었다. 주교 그레고리우스는 성유물이 있는 예배당까지 갖춘 대저택을 소유한 보르도의 한 상인에 대해 언급하고 있다. 그자는 자신의 재산을 빼앗기지 않기 위해 금화 200솔리두스라는 거금을 제안할 정도로 부자였다. 또 다른 상인은 파리의 유세비우스라고 알려진 인물인데, 이자는 '시리아 상인'으로 표현되고 있다. 그는 돈을 주고 성직을 매입했으며, 시리아인들만을 위한 학교를 세웠다. 이런 부유한 자들은 갈리아에, 특히 남부에 많이 있었다.

589년 나르본의 주민은 고트인·로마인·유대인·그리스인·시리아인으로 구성되어 있었다. 이탈리아, 아프리카, 에스파냐에서의 시리아인에 관한 정보는 없다. 그러나 우리는 갈리아에서 볼 수 있는 현상이 다른 지역들에서 없었다고 말할 수 없다. 테오도리크와 서고트족 법이 언급하고 있는 외국 교역자들 중에는 시리아인들과 그리스인들이 있었음에 틀림없다. 그리고 당시의 한 기록도 그리스 상인들이 해로를 통해 동방에서 에스파냐에 도착했음을 보여 주고 있다. 그리고 나폴리에도 시리아 대상인이 존재했음을 한 자료에서 찾아볼 수 있다.

그러나 시리아인과 그리스인이 서방에 있는 유일한 동방인은 아니었다. 유대인도 있었다. 이들은 거의 그들만큼이나 수가 많았다. 벨리사리우스가 나폴리를 포위했을 때, 그 도시 상인들의 상당수가 유대인이었다. 그들은 이미 테오도리크 치세에도 수가 많았다. 로마와 라벤나에서 사람들이 유대교 회당을 파괴하자 테오도리크가 개입해 유대인 편에 서서 가톨릭교도로 하여금 손해를 배상하게 했다는 기록이 전해지고 있다. 팔레르모·테라치나·사르디니아에도 유대인이 많았음을 알 수 있는데, 왜냐하면 이런 곳들에 유대교 회당들이 있었기 때문이다. 유대인들은 다양한 직종에 종사했지만, 압도적 다수는 해양 상업과 노예 상업을 비롯한 다양한 종류의 상업 및 금융업에 종사했다.

유대인들은 주민들의 미움을 받았지만, 처음에 당국은 그들을 괴롭히지 않았다. 그러나 582년 갈리아에서 왕은 그들을 강제로 개종시켰다. 일부는 개종했지만 나머지 유대인들은 마르세유로 도망쳤다. 그들은 그 이후에도 종종 개종을 강요받았다. 그리고 535년 클레르몽 공의회를 비롯해 몇몇 공의회들에서 유대인은 재판관이 될 수 없다는 결정이 내려졌다. 메로빙거 시대의 공의회들은 유대인과 기독교인의 결혼을 금지하고 기독교인이 유대인의 연회에 참석하는 것을 금하는 규정을 정했다. 그리고 유대인이 기독교도 노예를 소유하는 것도 금지되었다.

시리아인과 유대인 외에, 사료들에 언급되고 있는 상인들 중에는 아프리카인도 있었다. 아프리카의 대도시 카르타고는 동방으로 항해하는 선박의 중간 거점이었고, 갈리아에서 운송에 이용되고 있던 낙타들은 카르타고에서 수입된 것으로 보인다.

항해는 특히 지중해에서 활발했지만, 보르도와 낭트도 왕래가 잦은 항구였다. 이 항구의 선박들은 대서양을 건너 갈리아로 항해했고, 심지어 브리튼 제도로 가서 색슨족 노예들을 들여왔다. 로마인 치하에서 매우 활발했던 벨기에의 항해는 잉글랜드가 앵글로색슨족에 의해 침략을 당했을 때 상당히 타격을 입었지만 살아남았다. 틸·위트레흐트·캉토빅은 여전히 해상 운송의 중심지로서, 주로 플랑드르 직물이 거래되었다. 그러나 이 지방에서 교역은 시리아인이나 유대인이 아니라 그 지방 사람들에 의해 행해졌다.

이 시기의 상업이 사치품에 국한되었던 것은 아니다. 고가의 사치품들은 전적으로 동방에서 생산된 것이었으며, 오늘날의 파리 패션처럼 콘스탄티노플 패션이 유행을 주도했다. 실크를 동방이 아니라면 어디서 들여왔겠는가?

실크는 유스티니아누스가 비잔틴 제국에 실크 매뉴팩처를 세우기 전에는 중국에서 수입되었다. 식탁의 사치품들도 동방에서 공급되었다. 투르의 주교 그레고리우스는 가자 지방에서 수출된 시리아 와인에 대해 기록하고 있다. 그는 리옹의 한 미망인이 시리아 와인 2갤런을 매일 그의 남편의 무덤으로 가져갔다고 기록하고 있는데, 이로 미루어 상당한 양의 시리아 와인이 널리 유통되고 있었음을 알 수 있다. 와인 이외의 다른 고급 주류와 식량도 동방에서 서방으로 수출되었다.

이런 사실들은 당시 교역이 보석과 의류 제품에 국한되지 않았음을 말해 준다. 하지만 동방 교역에서 가장 중요했던 것은 향신료였다. 로마 제국은 인도·중국·아라비아에서 각종 향신료를 수입했다. 게르만족 침략 이후에도 향신료 수입은 유지되고 향신료가 제국 전역으로 확산되었다.

힐페릭 2세가 716년 4월 29일 코르비 수도원 원장에게 보낸 공문서는 당시 상업의 실태를 잘 보여 준다. 힐페릭은 포스(Fos)에서 운송된 상품에 세금을 부과할 권리를 부여하는 문서를 이 수도원에 수여했다. 그런데 그 문서에는 다음과 같은 상품 리스트가 등장한다. 오일, 후추, 커민, 정향, 계피, 감송(甘松), 허브, 대추야자, 무화과, 아몬

드, 파피루스.

물론 이 모든 상품이, 예를 들면 오일이, 동방에서 수입된 것은 아니다. 그러나 그 리스트에 등장하는 상품의 대다수는 그러하다. 그리고 이 사료를 통해 향신료가 아주 일반적으로 사용되어 심지어 수도원 주방에서도 사용되었음을 알 수 있다. 향신료는 매우 일반적으로 사용되고 있었기에, 심지어 부유하지 않은 자들도 후추를 소금만큼이나 필수품으로 여겼고, 또 비교적 손쉽게 향신료를 얻을 수 있었다.

파피루스는 동방에서 들여온, 그리고 후추처럼 대량으로 소비된 상품이다. 이집트는 제국 전체에서 사용되고 있던 파피루스를 독점적으로 공급했다. 게르만족 침략 이후에도 그 이전처럼 쓰는 기술이 서방 전역에 보편화되어 있었다. 그래서 파피루스는 사회생활에서 필수품이었다. 제국의 사법과 행정에 쓰는 기술이 필요했으며, 상업에서도 마찬가지였다. 앞에서 언급한 코르비 수도원의 문서에는 그 수도원이 매년 50첩의 파피루스를 소비했다고 나와 있다. 파피루스는 일반적인 소비품이었던 것이다. 북부의 기후에서는 파피루스가 쉽게 부서졌기 때문에 오늘날 파피루스가 많이 전해지고 있지 않을 뿐이다. 하지만 오늘날 전해지는 파피루스가 적다고 해서 당시 사용된 파피루스의 양이 적었다고 생각해서는 안 된다.

당시 교역에서 큰 비중을 차지했던 또 다른 상품이 오일이다. 오일의 수요는 아주 컸다. 오일은 우선 식용으로 사용되었다. 갈리아나 에스파냐에서는 요리하는 데 오일이 아주 흔하게 사용되었다. 자체 생산하는 오일이 수요에 미치지 못했기 때문에 해외에서 많은 양의 오일이 수입되었다. 이 시기에는 오일이 풍부했기 때문에 교회의 조명에 후대처럼 양초가 사용된 것이 아니라 오일이 사용되었다. 당시 제국에서 아프리카는 최대의 오일 생산지였고, 이슬람 침공 때까지 그러했다.

이런 사실은 서방이 아프리카와 활발한 교역을 했다는 증거다. 그리고 에스파냐와 갈리아에서 낙타가 운송용으로 이용되고 있었다는 흥미로운 사실도 이런 사실을 생생하게 보여 준다. 왜냐하면 그런 낙타들은 아프리카에서만 들여올 수 있었기 때문이다.

모든 사실을 종합하면 티레네해에서 제국 동부와 아프리카 연안으로 아주 활발한 항해가 행해지고 있었다고 말할 수 있다. 카르타고는 동방 무역을 위한 일종의 중간 거점이었던 것 같다. 이탈리아 · 프로방스 · 에스파냐 연안을 따라 행해진 해상 무역도 있었다. 북부에서 로마로 여행하는 사람들은 마르세유에서 승선해 티베르강 하구에 있는 항구로 갔다. 콘스탄티노플로 가는 여행자들은 바다를 통해 갔다. 다뉴브강을 통과하는 육로는 게르만족에 의해 방해를 받았기 때문에 거의 이용되지 않았다. 마르세유와 에스파냐 사이의 정규적인 운항이 있었다. 나는 항해가 적어도 로마 제국 시대만큼 활발했다고 생각한다. 가이세리크 이후 더 이상 해적에 대한 언급을 들을 수 없으며, 지속된 교역은 대규모 상업이었음이 분명하다. 수입의 성격, 정규적인 거래, 상인들이 축적한 재산 등을 고려하면 더 이상 이런 사실을 의심할 수 없다.

3. 내륙 상업

앞에서 언급한 유대인과 시리아 상인들이 동방에서 서방으로 상품을 수입하기만 한 것은 아니었다. 그들은 서방에서 동방으로 상품을 수출하기도 했다. 이런 상품 중 중요했던 것이 노예다. 5세기 이후에도 가내 노예제와 농업 노예제가 여전히 광범하게 퍼져 있었다. 나는 게르만 침략이 노예 무역을 다시 번성시켰다고 생각한다. 게르만족은 로마인만큼이나 노예제에 친숙했으며, 많은 노예들을 자신들과 함께 데려왔음에 틀림없다. 전쟁도 노예의 수를 증가시켰다.

한편 교회는 노예에게 성사를 허용하고 혼인할 권리를 인정함으로써 노예의 조건을 개선했지만, 원칙적으로 노예제를 비난하지도 공격하지도 않았다. 따라서 노예는 모든 곳에서, 즉 대장원에서만 아니라 부유한 개인들에게 봉사했다. 노예 해방은 노예의 수를 줄이는 데 별로 기여하지 않았다. 여전히 도처에 노예들이 있었으며, 노예의 수는 지속적인 새로운 유입으로 증가했다.

만족들이 노예의 주요 공급원이었다. 7세기의 한 사료에 사모라는 이름을 가진 노예 상인이 등장한다. 그는 동료 노예 상인들과 함께 벤드족이 살고 있는 서슬라브 지방으로 들어갔다. 그 지방을 습격해 노예로 팔 사람들을 포획하기 위해서였다. 그들에게 잡힌 이교도인 벤드족은 거리낌 없이 거래되었다. 왜냐하면 교회는 기독교인 노예를 왕국 바깥에 있는 사람들에게 판매하는 것만 금지했기 때문이다. 이런 사실은 노예들이 이방인들에게 팔렸음을 보여 주는 것이다. 이외에 무어인 노예들도 갈리아에서 팔렸다. 다른 노예들은 튀링겐과 잉글랜드에서 왔다. 마르세유 시장에서는 많은 잉글랜드 노예들이 거래되었으며, 그레고리우스 대교황이 595년에 노예들을 구입해 로마로 돌아가 개종할 수 있도록 한 곳이 바로 마르세유였다. 이들은 브리튼인과 색슨족 사이에 벌어진 전쟁의 포로였을 것이며, 해외로 팔려 갈리아에 왔을 것이다.

사모와 같은 노예 상인들에 의해 포획되거나 브리튼에서 구입된 노예들은 지중해 항구들로 운송되었다. 그들이 나르본에서 판매되었다는 기록이 있다. 그리고 나폴리에도 그들에 대한 언급이 있다. 그들은 대규모 노예 시장인 마르세유로부터 왔다. 많은 상인들이 노예 무역에 종사했는데, 그들은 주로 유대인이었던 것 같다.

이 모든 사실로 티레네 연안 지방들에서 상당히 중요한 노예 무역이 행해졌다고 결론을 내릴 수 있을 것이다. 향신료·실크·파피루스를 서방으로 운송한 선박들이 회송 화물로 노예를 동방으로 운송한 듯하다. 갈리아는 동방으로 노예만이 아니라 의복, 직물, 건축용 목재, 그리고 염료도 수출했던 것 같다.

대체로 외국인이 종사했던 이런 원거리 상업 외에, 내륙 상업이 서방의 경제생활에서 중요한 역할을 했다. 내륙 상업에서는 원거리 상업과 다른 양상이 나타난다. 내륙 상업에서도 유대인과 시리아인이 중요한 역할을 했다. 그러나 내륙 상업에는 이런 상인들 외에 현지 상인들도 활발하게 종사했다. 여기서 상이한 양상이 나타난다. 물론 앞에서 살펴보았듯이 유대인들은 이런 상업에서 중요한 역할을 했다. 그리고 그 지역에 정착한 시리아인에 대해서도 같은 말을 할 수 있다. 그러나 이런 자들 외에 현지 상인들도 활발하게 활동했고 그중에는 직업 상인들도 있었다. 따라서 당시 도시들에서는 모든 종류의 상업 활동이 행해지고 있었다고 말할 수 있다.

상업은 이윤이 매우 높았다. 리옹의 한 상인의 비명(碑銘)은 그가 "괴로운 사람들의 위안이요 가난한 자의 피난처"라고 적고 있다. 그리고 626년에 장이라는 한 상인이 재산을 생드니 수도원 원장과 파리 교구에 있는 여러 교회들에 기증했다. 이 기증이 왕에 의해 확인되었던 것으로 보아 기증된 재산이 상당했음을 알 수 있다. 이처럼 상인들이 교회 기관에 상당한 재산을 기증하는 예가 많이 등장하며, 이 외에도 부유한 상인들에 대한 기록들을 흔히 찾아볼 수 있다.

따라서 제국의 상업은 게르만족 침략 이전처럼 침략 이후에도 분명히 지속되고 있었다. 그러한 상업이 어디서 행해졌는가? 도시들에서다. 우리에게 전해지는 모든 정보에 따르면, 원거리 상인들이 거주하던 곳은 바로 도시들이었다. 그들은 성벽 안에 거주했다. 도시에는 상인들 외에 직인들이 거주했다.

게르만족 침략 이후의 도시 규모를 추산하는 것이 가

능할까? 우리는 이 주제에 대해서 산발적인 정보만을 가지고 있다. 갈리아에서 도시의 성벽으로 둘러싸인 부분은 결코 넓지 않았다. 역사가 베르코트랑은 그 인구를 6천 명으로 추산하고 있으며, 흔히 훨씬 더 적었을 것이다. 남부 도시들의 규모가 더 컸다. 님은 320헥타르 정도 되었다. 툴루즈의 로마 성벽은 3킬로미터였다. 그리고 한 역사가는 테오도리크 시대의 밀라노 인구를 3만 명으로 추산하고 있다.

  물론 도시들은 게르만족 침략으로 타격을 받았다. 교각들이 파괴되어 배다리가 사용되기도 했다. 그러나 모든 도시들이 존속했다. 더구나 주교들이 도시들을 회복시켰다. 도시들은 종교와 행정의 중심지였을 뿐 아니라 항상적인 상업 중심지이기도 했다. 이 점에서도 고대 경제가 계속되었다. 상파뉴 정기시(定期市) 같은 중세의 대규모 정기시는 없었다. 정기시들이 있기는 했지만 소규모의 국지적인 것들이었다. 새로운 정기시들은 북쪽에 세워졌다. 생드니 정기시는 709년에 처음 언급되고 있다. 그러나 이 시대의 정기시들은 부차적인 역할만을 했고, 에스파냐에는 아예 정기시가 없었다. 어쨌든 후대 카롤링거 시대에 그렇게 많았던 소규모의 국지 시장들에 대한 언급은 어디에서도 발견할 수 없다. 그러나 이것을 상업의 쇠퇴로 여겨서는 안 된다. 그 반대로, 이런 국지 시장들은 전문 상인이 있고 항상적인 상업 활동이 이루어지는 도시의 기본 요소가 아니다.

당시 유통세는 화폐로만 지불되었다. 왕은 수도원에 유통세의 면제를 허락하기도 했지만, 쇠퇴기를 제외하고는 그런 특권을 그 누구에게도 부여하지 않았다. 유통세는 왕의 수입이 되었으며, 그 금액은 상당했다. 이런 세금의 징수는 여전히 가능했다. 왜냐하면 왕은 읽고 쓸 줄 알았던 징세 관리들을 이용할 수 있었기 때문이다.

4. 화폐 및 화폐유통

로마 제국의 솔리두스 금화는 게르만 침략기에 제국 전역에서 통용되던 화폐였다. 게르만족은 제국으로부터 받은 보조금 덕택에 오래전부터 로마의 이런 화폐 제도에 대해 알고 있었으며, 이 화폐 제도는 게르만족 침략 이후에도 게르만족에 의해 변화하지 않고 유지되었다. 게르만족이 정착한 지방들 가운데 그 어디서도 처음에는 화폐 제도의 그 어떤 변화를 찾아볼 수 없다. 게르만족 왕들은 황제들의 초상이 새겨진 주화를 계속해서 주조했다. 제국의 경제단위가 존속했음을 이 화폐 제도보다 더 명확하게 증언하는 것은 없다. 카롤링거 시대에 발생한 격변 때까지 동방은 게르만에 의해 정복된 서방과 마찬가지로 금 단본위제(單本位制)를 대체로 유지했다.

물론 은화와 동화도 있었다. 그러나 그것들의 존재가 양본위제 도입의 증거라는 견해는 잘못된 것이다. 금화만이 공식 통화였다. 게르만족의 화폐 제도는 로마의 화폐 제도였다. 이에 반해 은화 단본위제인 카롤링거 시대의 화폐 제도는 중세의 화폐 제도다.

앵글로색슨족은 유일한 예외였다. 그들에게는 은이 화폐로 이용된 주요 금속이었다. 그러나 약간의 금화가 브리튼의 남부 항구들, 즉 갈리아와 교역 관계를 유지한 항구들에서 발행되었다. 이러한 주화들은 메로빙거 화폐 주조자들의 작품이었다. 갈리아에서 멀리 떨어져 있던, 앵글로색슨족이 세운 7왕국 중 하나인 머시아 왕국에서는 은화만이 발견된다.

게르만족이 로마의 화폐 제도를 유지한 것은 경제적 필요 때문이었다. 이 점은 로마 주화의 모방이 마르세유와 그 인접 지역들에서 다른 곳보다 더 오래 지속되었다는 사실에 의해 입증된다. 주화에서 프랑크 왕의 이름을 발견할 수 있는 경우는 드물다. 왕의 이름이 새겨져 있는 주화는 테오데베르트 1세가 이탈리아에서 유스티니아누스와 전쟁을 벌이고 있던 539~540년에 처음 발견된다.

 게르만족이 계속해서 금화를 발행했던 것과, 왕이나 교회 및 개인들의 재산에 관한 사료에 금이 자주 등장하는 것은 서방에 상당한 양의 금이 축적되어 있었음을 나타낸다. 이런 금이 서방의 금광에서만 나왔다고 가정할 수 없으며, 이는 활발한 교역 활동이 이루어지고 있었음을 의미한다. 그렇게 많은 양의 유동 재화가 있었는데 어떻게 당시 '자연경제' 상태에 있었다고 말할 수 있는가?

 왕들은 많은 양의 금을 보유하고 있었다. 그들은 그런 금으로 다양한 정책을 펼 수 있었다. 예컨대 교회를 지원하고, 만족으로부터 평화를 사고, 수도원에 기진(寄進)하고, 많은 사치품을 구입하기도 했다. 나는 이런 막대한 재원의 일부가 정복된 게르만족 및 슬라브족으로부터 빼앗은 전리품과 비잔틴 제국의 보조금 등에서 나왔다는 주장에 동의한다. 그러나 이런 것만으로는 그러한 재원을 설명할 수 없다. 상업만이 그런 풍부한 재원과 지속적인 금화 유통을 설명해 줄 수 있다. 따라서 우리는 당시 상업이 여태까지 생각했던 것보다 더 중요했다고 결론 내려야 한다.

 메로빙거 시대의 사람들이 자연경제 체제하에 살았다

는 주장은 반박되어야만 한다. 화폐가 활발하게 유통되고 있었다. 일반적으로 세금은 화폐로 지불되었다. 그리고 대부업도 상당히 성행했다. 메로빙거 시대에 이자는 합법적이었다. 교회가 성직자들에게, 심지어 세속인들에게도 고리를 받고 대부하는 것을 금했던 것은 사실이다. 이것은 대부업이 성행하고 이자율이 증가하는 경향이 있었음을 가리키는 것 같다. 이런 업종에 종사하던 사람들은 대체로 유대인들이었다.

  이 모든 것은 로마 제국의 경제생활이 갈리아에서뿐 아니라 티레네해 연안 전역에서 메로빙거 시대까지 지속되었음을 입증한다. 왜냐하면 갈리아에서 일어난 일이 아프리카와 에스파냐에서도 발생했을 것이라는 점에는 의문의 여지가 없기 때문이다. 상업에서도 일정한 후퇴는 있었겠지만, 로마 제국의 경제생활은 단절되지 않았다.

제3장
게르만족 침입 후 지적 생활

1. 고대의 전통

　3세기 이후, 지적 생활과 고대 문화는 점차 쇠퇴했다. 이 쇠퇴는 과학·미술·문학 등 어디에나 나타나고 있었다. 고대 정신의 회복을 꾀했던 율리아누스 황제의 시도가 실패한 후 고대 정신을 기독교의 지배에서 구출하려는 시도는 더 이상 이루어지지 않았다.

　교회의 새로운 생활은 이교적 생활이라는 전혀 몸에 맞지 않는 의상을 오랫동안 입고 있었다. 교회는 여전히 고대 문학적 전통의 위광을 존중해 그에 순응하고 있었으니, 교회는 베르길리우스와 그의 유파들의 시를 잊지 않았던 것이다. 비록 내용은 달랐지만 그 내용을 담고 있는 형식은 변하지 않았다. 기독교 문학이 등장하는 것은 기독교적 정서의 출현보다 시기적으로 훨씬 뒤의 일이었다.

　기독교는 콘스탄티누스 대제하에서 공식적이고 명백한 승리를 거두게 되지만, 그 이전에 이미 승리를 획득했다. 기독교는 더 이상 아무런 반대에도 부딪치지 않았고 그 새로운 신앙은 보편적인 지지를 얻었지만, 진정으로 그 근거가 완전했던 것은 오직 소수의 금욕주의자들과 지식인들 사이에서뿐이었다. 대다수의 사람들은 이해관계에 따라 교회로 들어갔다.

그 당시 대다수 사람들의 정신생활은 이미 고대의 그것이 아니었다. 그럼에도 불구하고 아직도 기독교화되지 않았으므로 당시 사람들에게는 전통적인 문학이 유일한 문학으로 존재했다. 여전히 미온적인 이 신봉자들의 정신적 태도를 결정하고 있었던 것은 문법과 수사학을 가르치던 예전의 학교들이었다.

게르만족의 서방 침입은 어떤 식으로든 이러한 사태를 바꾸지 않았다. 게르만족은 새로운 이념을 가져온 것이 아니었고 또 앵글로색슨족을 제외하면 그들은 정착한 어디에서나 라틴어가 유일한 표현 수단으로 존속하도록 허용했던 것이다. 생활의 다른 영역들에 있어서도 그랬거니와 언어의 경우에도 그들은 새로운 환경에 동화되었다. 지적 질서에 있어서 그들이 취한 태도는 정치적·경제적 질서에 있어서 그들이 취한 태도와 동일한 것이었다. 게르만족 왕들의 주변에는 수사학자들이나 법률학자들, 그리고 시인들이 몰려들었다. 이들은 게르만족 왕들을 위해 법률을 기초하고 서한을 써 주거나, 고대의 양식에 따라

사무국의 문서와 기록들을 작성해 주었다. 요컨대 그들은 기존 상황을 완전한 상태로 존속시켰던 것이다.

동고트 왕국을 고찰해 보면 이런 점이 잘 드러난다. 이곳에서는 로마 제국 시대의 모든 것이 존속했다. 테오도리크의 두 관료인 카시오도루스와 보에티우스를 상기하는 것으로 충분할 것이다. 그리고 또한 473년 아를에서 출생한 것으로 보이는 에노디우스를 들 수 있는데, 그는 511년 파비아의 주교가 되었지만, 세속적인 작가이기도 했다. 그는 수사학자로서 종교적인 웅변술을 가르치는 교수가 되었다. 그를 통해서 당시에도 과거 어느 때 못지않게 로마의 수사학 학교들에 학생들이 찾아들었다는 사실을 알 수 있다. 그는 교육을 마치기를 희망하는 젊은이들에게 로마에서 탁월한 수사학자들을 찾도록 권유하기도 했다. 테오도리크 시대의 이탈리아 상류사회에 여전히 상당한 지식계급이 있었던 것이다.

보에티우스는 480년 로마의 귀족 가문에서 태어났다. 510년에 집정관 직을 지낸 그는 테오도리크의 각료가 되어 화폐 제도를 개혁하는 임무를 위임받기도 했으나 525년 비잔티움과 모의했다는 이유로 처형되었다. 그는 아리스토텔레스의 작품들을 번역했으며, 그의 주석은 중세 사상에 영향을 끼쳤다. 그는 옥중에서 ≪철학의 위안에 대하여≫라는 책을 썼는데, 이 책에는 기독교와 스토아적·로마적 도덕률이 혼융되어 나타나고 있다. 카시오도루스는 477년경에 태어난 대귀족이었다. 그는 테오도리크의 주요 각료였으며, 테오도리크의 찬사를 지어 총애를 받았고, 재무관과 테오도리크의 비서를 지냈으며, 그 후 집정관이 되었다. 그는 테오도리크가 죽은 후 비티게스의 치하에서도 궁정에서의 자신의 위치를 유지하고 있었으나, 아말라순타가 섭정하기 시작한 이후로(535) 영향력을 발휘하지 못했다. 540년에 속세에서 은퇴한 그는 수도원에서 신앙생활에 여생을 바쳤다. 수도사들로 하여금 그들의 수도원에 고전 고대의 모든 문학작품들을 수집케 하는 것이 그의 소원이었다.

로마의 수사학자들은 반달족 사이에서도 동고트 왕국에서 못지않게 중요한 역할을 했다. 드라콘티우스는 군타문드 왕(484~496)에게 <만족(滿足)>이라는 시를 지어 바쳤다. 그의 작품들에서 우리는 반달족도 로마인들과 더불어 문법학자들의 수업에 참여했다는 증거를 찾아볼 수 있으며, 또한 그의 가문이 가산에 대한 소유권을 그대로 유지하고 있었다는 사실도 발견하게 된다. 트라사문트와 힐데릭의 치세에는 플로렌티누스를 비롯한 여러 시인들이 활약했다. 이들은 기독교도였음에도 불구하고 고대 이

교풍으로 시를 썼다. 그들의 시들 속에는 문법학자 파우스투스가 언급되고 있고, 기독교가 외설스러운 것과 혼합되어 나타나고 있다. 마지막으로 우리는 5세기의 마지막 20여 년간 카르타고에서 저술 활동을 했던 문법학자인 풀겐티우스를 잊어서는 안 될 것이다. 그는 신화적인 우화를 창작해 냈는데, 그러한 우화들은 문법학자들이 여전히 소중히 여기고 있던 퇴색한 찬연함을 보존하는 유일한 수단이었을 것이다.

모든 게르만족 사이에서 동일한 상황이 존재했다. 시도니우스는 부르군트족의 땅에서 거물급 인물이었다. 서고트족 왕 유리크의 주변에는 수사학자들이 몰려들었으며, 게르만의 왕들 중에는 작가들도 있었다. 예컨대 프랑크족 왕인 힐페릭은 라틴어로 시를 썼다.

결국 서지중해의 지적 생활은 게르만족의 침입으로 그 성격이 변하지 않았다. 문학이 계속 활기를 띠고 있었다고는 말할 수 없지만, 그리고 또 앵글로색슨인들이 영향력을 발휘하기 시작할 때까지는 새로운 요소가 나타나지 않았지만, 문학은 최소한 로마·라벤나·카르타고·톨레도·갈리아 등에서 유지되고 있었다. 문학의 쇠퇴는 뚜렷했지만 문학 작품을 읽을 대중이, 아니 비교적 학식 있는 대중이 있었다. 시인들은 이전보다 무미건조해졌다는 점만 빼면 동일한 주제를 되풀이하고 있다.

그레고리우스 대교황이 문법에만 전념하고 있던 비엔나 주교 디디에를 꾸짖었고, 이슬람에 정복될 때까지 에스파냐에 괜찮은 역사가들이 있었다는 사실로 미루어볼 때, 고대의 전통들을 보존하고 있던 지적 생활은 7세기까지 지속되었다고 보아야 할 것이다. 그러나 이러한 지적 생활에 게르만족이 기여한 바는 전혀 없었다.

2. 교회

교회는 서로마 제국이 몰락한 이후에도 이전과 다름없이 같은 방향으로 발전을 계속하고 있었다. 이것이야말로 로마적인 것이 지속되었다는 가장 현저한 실례였다. 교회는 제국을 인간 사회의 섭리적 기구로 간주하고 있었으므로 제국에 대한 교회의 믿음은 그만큼 컸다. 성직자들은 모두 로마인으로서, 여전히 존속 중인 로마 문명을 반영했던 귀족들에서 충원되었다. 훨씬 후대에야 일부 게르만인이 성직자가 되었다.

사회적인 관점에서 볼 때 교회의 영향은 지대했다. 교황은 로마시의 주요 인사였고, 일반 도시들에서는 주교들이 주요 인사였다. 성직자로서의 경력을 갖고자 하는 사람이나 혼탁한 세상을 피하려는 사람들은 교회에서 안식처를 찾았다. 그러나 신앙이 동기가 되어 성직자가 된 사람들도 있었다. 이 경우는 동방의 금욕주의가 그들에게 지대한 영향을 끼친 것으로 보아야 할 것이다. 그 영향은 일찍부터 서방에 나타났으며, 그 시대의 본질적인 특징들 가운데 하나가 되었다. 헝가리에서 태어나 투르의 주교(372~397)가 되었던 성 마르티누스는 360년경 푸아티에 근처에서 수도원을 창건했다. 그리고 베들레헴, 이집트, 콘스탄티노플에서 수도사 생활을 했던 성 요하누스 카시아누스는 413년경 마르세유에 성 빅토르 수도원을 세웠다. 훗날 아를의 주교가 된 호노라투스는 레랭 수도원을 설립했는데, 이 수도원은 이집트의 금욕주의에 커다란 영향을 받았다.

게르만족은 이러한 수도원 운동에 적대적이지 않았다. 오히려 그들로 인해 초래된 혼란은 그 당시 고매한 정신을 갖고 있던 사람들로 하여금 속세를 떠나 수도원을 찾게 함으로써 수도원 운동에 기여했다고 말할 수도 있다. 성 베네딕투스(480~543)는 그 유명한 몬테카시노의 수도원에 베네딕트 계율을 부과함으로써 그 기반을 닦아 놓았다. 이 운동은 남부에서 북부로 전파되었다.

카이사리우스는 당시를 대표하는 인물이었다. 갈리아의 유력 가문에서 출생한 그는 490년 20세의 나이에 레랭 수도원으로 들어갔다. 그는 502년에서 543년까지 "갈리아의 로마"라고 불렸던 고도(古都) 아를의 주교를 지냈다. 그는 교황권이 모든 정치적·사회적 변화 속에서 사라진 제국을 상징한다고 간주했다. 그는 교회를 개혁하기 위해 수없이 종교회의를 개최했으며, 그의 덕택에 지중해의 도시 아를은 프랑크 교회의 초석이 되었다. 6세기에 메로빙거 왕조의 교회법은 거의 모두가 아를에서 나왔으며 아를의 종교 회의록들은 그 후 모든 회의록의 전범이 되었다. 소박하고 인기가 있었던 그의 설교는 갈리아·에스파냐·이탈리아에 지대한 영향을 끼쳤다.

성 베네딕투스는 갈리아의 카이사리우스와 마찬가지로 6세기 이탈리아의 탁월한 성직자였다. 그는 로마에서 교육을 받다가 그 후 수비아코에서 은거 생활에 들어갔다. 그의 주변에 금욕주의자들이 몰려들었으며, 529년에 그는 그들과 함께 몬테카시노에 정착했다. 그의 계율은 카시아누스·루피누스·성 아우구스티누스의 계율들에 힘입은 바가 컸다. 그의 계율에는 사계절에 읽을 책들이 언급되어 있기는 했지만 학문 활동이 규정되어 있지는 않았으며, 또 그의 계율은 지나치게 엄격하지 않으면서 실제적인 특징을 띠었다. 그의 계율이 중요해진 것은 로마가 가까이 있다는 사실 때문이었다.

이 당시 수도원 운동은 대단한 기세로 확산되고 있었으니, 왕과 귀족 및 주교에 의해 많은 수도원들이 설립되었던 것이다. 수도원 운동의 영향이 특히 컸던 곳은 지중해 연안 지역들이었다. 수도원 운동은 분명히 복음화 운동과 결부되어 있었다. 앵글로색슨족을 개종하러 갔던 복음 전도자들도 수도사들이었다. 아우구스티누스가 이끄는 40명의 수도사들로 구성된 전도단이 597년 부활절 켄트 왕국에 상륙했다. 627년경 기독교는 켄트에서 노섬벌랜드로 전파되었으며, 브리튼인의 개종은 686년경에 완료되었다. 이처럼 교회의 북진은 지중해에서 출발한 것이었고, 그 결과는 매우 중요했다. 그리고 그러한 교회의 확대 작업은 아우구스티누스 및 그의 동반자들과 마찬가지로 완전히 로마화되고 높은 교양을 갖춘 사람들에 의해 이루어졌다. 668년 교황 비텔리우스는 아테네에서 공부한 테오도르를 캔터베리의 대주교로 보냈다. 그를 따라간 친구인 아드리아누스는 아프리카인으로서 희랍어와 라틴어 학자였다. 아일랜드인들과 더불어 앵글로색슨족에게 고대 문화를 전파한 것은 바로 그였다.

이처럼 지중해는 기독교의 본거지였다. 트리어의 주교

였던 니케티우스는 리모주 출신이었으며, 그 밖에도 많은 이름들을 들 수 있다. 장차 최대의 영향을 끼칠 이 시기의 인물은 그레고리우스 대교황이었다. 그는 귀족 출신으로서, 전도사로 출발했고, 그 후 금욕적 이상에 영감을 받아 재산을 팔아 7개의 수도원을 설립했다. 그가 일개 수도사였음에도 불구하고 교황은 580년 그를 콘스탄티노플에 교황 사절로 파견했다. 그는 590년에 교황이 되었으며 604년에 사망했다. 작가로서 그는 소박함을 표현하려고 노력했다. 그는 세속적인 수사학의 화려한 표현을 쓸모없는 요설로 간주했다. 그럼에도 불구하고 그는 교양 있는 사람이었다. 다만 그에게는 형식보다는 내용이 더 중요했고, 그래서 그의 작품은 고전 수사학 전통의 완전한 단절을 보여주고 있다. 하지만 수사학이 비생산적이라는 이유에서뿐만 아니라 교회가 민중을 대상으로 전도 사업을 했다는 이유에서도 그런 단절은 일어나게 되어 있었다. 이미 성 세베리누스의 전기 작가인 유기피우스는 민중이 이해하기 어려운 문체의 사용을 거부한 바 있었다. 그리고 성 카이사리우스는 배우지 못한 사람들이 이해할 수 있도록 글을 쓰는 것이 매우 어려움을 분명히 밝히고 있다. 교회는 문학을 대중문화의 방편, 즉 계도의 수단으로 만들고 있었다.

이같이 전도 사업을 의식한 교회는 통속적인 라틴어, 아니 그보다는 대중이 이해할 수 있게 수사학이 없는 라틴어를 사용했다. 교회는 정확한 문법에 그다지 구애받지 않은, 즉 살아 있는 말이요 당시의 언어인 민중의 라틴어를 사용했다. 교회는 민중을 위해 성자전들을 저술하고 기적들을 이야기해 줌으로써 민중을 교화시키고자 했다.

이처럼 기독교 정신에 의해 문학의 새로운 방향이 나타난 곳은 남부의 '로마 세계'였다. 그 새로운 문학은 형식 면에서 야만적이었지만, 그럼에도 불구하고 생명력과 영향력을 지니고 있었다. 이 문학에 사용된 라틴어는 세속인들의 언어인 구어체로 쓰인 마지막 유형의 라틴어였다. 왜냐하면 모든 성직자는 세속인들을 위해 글을 썼고, 그래서 세속인들이 이해할 수 있도록 고전적 전통을 저버렸기 때문이다. 성직자들이 고전 라틴어를 사용하는 시대가 오지만, 그러나 이때 라틴어는 오직 성직자만을 위해 사용되는 학문상의 언어가 될 것이었다.

3. 예술

게르만족 침입 이후에도 지중해 지역의 예술 발전에

눈에 띌 만한 단절이 나타나지 않았다. 지중해 지역의 예술은 로마 제국 시대에 이집트·시리아·페르시아의 영향 아래 점차 뚜렷해지고 있던 동방화 과정이 계속되고 있었다. 서방도 이러한 점진적인 동방화에서 벗어나 있지 않았다. 오히려 게르만족의 침략은 그러한 경향에 일조했다. 왜냐하면 게르만족들, 그중에서도 특히 고트족은 러시아의 평원에 머무르는 동안 흑해를 경유해 그들에게 도달한 동방적인 것에 많은 영향을 받았기 때문이다. 그들의 브로치·목걸이·반지·금 세공품들은 사마리아와 페르시아 장식 예술의 영향을 받은 것들이었다. 그리하여 그들은 로마인이 '만족의 예술(ars barbarica)'이라고 일컫던 예술을 배우게 되었으며, 이런 예술은 이미 게르만족의 침공 이전에 로마 제국 내에 유포되었을 것이다.

그러나 고대 전통과의 접촉이 이루어짐에 따라 이 '만족의' 예술은 점차 민중들에게만 국한되었다. 왕들과 유력자들은 더 나은 것을 원했고, 그래서 생각해 낸 것이 로마 제국의 예술이었다. 힐페릭은 투르의 주교 그레고리우스에게 비잔틴 황제가 그에게 보내 준 아름다운 금제품을 보여 주면서 지금은 콘스탄티노플에서 제조된 금 접시 하나를 갖고 있지만 "프랑크족을 기념하기 위해" 다른 금 접시들을 만들게 하겠노라고 말하고 있다.

일단 '로마 세계'에 정착한 게르만족은 아일랜드인들이나 앵글로색슨족처럼 독창적인 예술을 발전시키지 않았다. 로마의 영향을 별로 받지 않은 아일랜드인들과 앵글로색슨인들 사이에서는 그들의 법률과 제도들이 그러했듯이 예술도 민족적인 특성을 보존하고 있었다. 그러나 갈리아 지방에서 이들의 영향은 훨씬 후에야, 즉 아일랜드 예술의 영향은 7세기에, 그리고 앵글로색슨족 예술의 영향은 8세기에 비로소 나타났다.

비잔티움·시리아·이집트에서 대규모로 수입된 금 세공품이나 상아 제품으로부터 받은 영향을 식별할 수 있다. 역사가 도손에 의하면, 게르만족이 도입한 이런 고딕 예술은 프랑스에서는 6세기 중엽부터, 그리고 중부 유럽에서는 그보다 훨씬 이전에 사라지고, 그 대신 시리아와 비잔티움 예술이 등장해 지중해 전역에 확산되었다고 한다.

페르시아 예술의 영향은 페르시아 융단－심지어 갈리아 중심부에까지 이르렀던－의 수입에 의해 도입된 것이었다. 이집트 콥트 예술의 영향은 주로 직물과 알렉산드리아의 상아 제품을 통해 도입되었다. 요컨대 지중해를 경유해 들어온 동방 예술은 역시 동방적인 '만족의 예술'과 조우함으로써 상호 침투가 이루어졌던 것이며, 다만 남쪽에서 들어온 예술이 보다 고도로 발달된 기술을 갖고 있었던 까닭에 보다 우세한 영향을 끼쳤다고 할 수 있을 것이다. 이러한 동방의 영향은 갈리아·이탈리아·아프리카·에스파냐의 어디에나 눈에 띌 정도로 나타났으며, 그래서 서방 전체에는 비잔티움의 자취가 남게 되었다. 결론적으로, 서방 예술은 비잔틴 예술 쪽으로 발전하고 있었다. 전 지중해는 콘스탄티노플의 예를 따르고 있었던 것이다.

4. 사회의 세속적 성격

이제까지 거의 주목받지 못했지만, 서방 사회가 게르만족 침략 이후에도 그 이전과 똑같은 사회로 남아 있었다는 점을 최종적으로 입증해 줄 수 있는 또 다른 사실이 있다. 그것은 바로 서방 사회의 세속적 성격이다. 당시 서방에서는 민중이 교회에 존경심을 표명했고 교회의 영향력이 컸지만, 교회가 국가의 전부를 이루고 있던 것은 아니었다. 왕의 정치권력은 로마 황제들의 그것과 마찬가지로 순전히 세속적인 것이었다. 7세기 말 이후 서고트족 왕들의 경우를 제외하면, 왕이 즉위할 때 종교 의식이 거행되었던 적이 없었으며 또 왕들의 어떠한 공문서들에서도 '신의 은총에 의해'라는 문구는 발견되지 않고 있다. 궁정 관리들 중에 성직자는 없었으며 모든 관료들은 속인들이었다. 왕들은 교회 수장의 자격으로 주교들을 임명하거나 종교회의를 소집했고, 때로는 종교회의에 참석하기도 했다. 이런 점에서 8세기 이전과 이후의 정부들은 현저한 대조를 보인다. 8세기 이전의 왕들은 교회가 자발적으로 공적 업무를 수행하도록 허용하기는 했어도, 그러한 공적 업무를 교회에 위탁하지는 않았다. 그리고 또 주목해야 할 점은 교회가 보호의 대가로 왕들에게 충성을 다했다는 사실이다. 심지어 왕들이 아리우스파인 경우에도 교회는 그런 왕들에게 반항하지 않았다.

이는 그 사회가 사회생활이라는 측면에 있어서는 아직 교회에 의존하지 않았다는 사실로 설명될 수 있다. 국가는 아직도 세속 요원들을 공급받을 수 있었던 것이다. 문법 및 수사학을 가르치는 학교에서 훈련된 원로원 귀족이 정부의 고위 관리들을 배출하는 계급이었다. 그 증거로 우리는 카시오도루스나 보에티우스와 같은 사람들의 이름을 상기하는 것으로 족할 것이다. 그리고 원로원 귀족들의 시대가 지나간 이후에도, 그러한 상황은 문화의 쇠퇴에도 불구하고 지속되고 있었다. 메로빙거 시대에도 궁정에는 교육받은 속인들이 있었다. 이 시대에 비잔티움 황제들에게 보낸 공문서들의 화려한 문체는 정부 관직에 여전히 박식한 속인들이 있었다는 사실을 입증해 준다.

이처럼 게르만족 왕들은 로마의 문학적·정치적 전통을 보존하고 있던 사람들의 도움을 받아 통치했다. 그러나 보다 주목할 만한 사실은 그들 왕국의 행정이 박식한 관리들에 의해 이루어졌다는 점이다. 사실 그럴 수밖에 없었다. 게르만족 왕들이 유지하려고 애썼던 로마 제국의 행정 조직은 교육받은 사람들을 필요로 했다. 무엇보다도 명문화된 절차를 갖추고 있던 로마법 내지 로마화된 법과 판결, 계약 및 유언을 기록하는 일은 전 지역에 걸쳐 수많은 공증인들에게 일자리를 제공해 주고 있었다. 그리고 그 공증인의 절대 다수는 속인들이었다. 그리고 이러한 관리들을 교육하는 학교들이 있었던 것이 분명하다. 상인들 사이에서는 경제적 필요 때문에 동일한 상황이 존재했다. 원거리 무역에 종사했던 전문 상인 계급은 최소한의 교육 없이는 그들의 사업을 꾸려 나갈 수 없었다.

이처럼 메로빙거 시대에 글을 쓴다는 것은 사회생활에 필수 불가결한 일이었다. 서방 세계의 모든 게르만 왕국들이 5세기에 초서체를 사용한 것은 바로 그러한 사실로써 설명된다. 그것은 업무를 보는 손으로 빨리 흘려 쓴 서체였지 예서체가 아니었다. 메로빙거 왕조·서고트족·롬바르드족의 서체들은 거기서 유래한 것이다.

이 초서체의 문자는 살아 있는, 그러면서도 쇠퇴하고 있던 당시의 언어에 아주 적합한 것이었다. 라틴 구어는 문학보다는 일상생활에서 한층 더 저질화되었으며, 부정확성과 파격 어법으로 가득 찬 비문법적인 언어가 되어 버렸던 것이다. 이는 학자들이 '조야한 라틴어'라 부른 것이었다. 그러나 특히 갈리아에서 학자들은 그러한 라틴어를 장려하고 사용했는데, 왜냐하면 그것은 모든 사람이 사용하던 대중적인 언어였기 때문이다. 당시의 문헌들 중에는, 8세기의 문헌들 속에서 나타나는 바와 같이 민중이 성직자의 말을 이해할 수 없게 되었음을 전해 주는 것은 하나도 없다. 물론 이 경우에도 언어가 야만화되기는 했으나, 그러한 야만화에 게르만적인 것이라곤 전혀 없었다. 라틴어는 살아남았으며, 그래서 8세기에 접어든 후 오랜 시간이 흘러갔을 때에도 '로마 세계'의 통일성을 이루고 있었던 것은 바로 그 언어였을 것이다.

결론

  어떤 관점에서 보든 로마 제국 내에 게르만족들이 정착함으로써 시작된 시대는 하등의 역사적 변혁을 초래하지 않았다. 게르만족이 파괴한 것은 로마 제국이 아니라 로마 제국의 정부였던 것이다. 게르만족은 스스로 로마의 동맹군임을 자처했다. 제국을 어떤 새로운 것으로 대체하려고 하기는커녕 그들 스스로 그 속에서 터전을 잡았다. 그들의 정착과 더불어 심각한 퇴화 과정이 수반되었지만 그들이 새로운 정부 조직을 도입한 것은 아니었다. 말하자면 고대의 대궁전은 조각조각 해체되었으나 여전히 하나의 구조물로서 존속했던 것이다. '로마 세계'의 본질적인 성격은 여전히 지중해적인 것으로 남아 있었다. 이 시대의 가장 새로운 사실은 정치적 현상인데, 서방에서 로마 제국이라는 단일체 대신 다수의 게르만족 국가들이 수립되었다. 이는 물론 주목할 만한 새로운 현상이다. 유럽의 외관은 변모하고 있었던 것이다. 하지만 그 생활의 기본적인 성격은 동일하게 유지되었다. 이들 국가는 민족국가로 표현되어 왔지만, 실제로는 전혀 민족적인 것이 아니었다. 브리튼을 제외하면 어느 곳에서도 심각한 변화를 겪지 않았다.

브리튼에서는 로마 제국의 문명이 사라졌고, 옛 전통은 아무것도 남아있지 않았다. 그곳에서는 새로운 세계가 출현했다. 종래의 법률·언어·제도가 게르만족의 그것들로 바뀌었다. 북구 문명, 혹은 게르만 문명이라 부를 수 있는 새로운 문명이 등장했다. 그것은 후기 로마 제국에서 종합된 지중해 문명과는 전혀 다른 것이었다. 브리튼에서는 고유한 입법적 이념과 시민, 그리고 기독교 신앙을 가진 로마 국가의 흔적은 찾아볼 수 없다. 그 대신 구성원들 간의 혈연적 유대와 가족 공동체, 그것이 법률과 도덕 및 경제에 끼친 그 모든 영향력, 이교주의 등 그들 민족의 고유성을 이루었던 것을 보존한 사회가 있었다. 브리튼에서는 새로운 시대가 시작되고 있었다.

앵글로색슨족 침입자들은 자신들의 거주지에서 제국령 내로 갓 들어왔으므로 로마의 영향력 아래 놓인 적은 없었다. 더구나 그들이 정착한 브리튼은 로마의 속주들 가운데서도 가장 덜 로마화된 곳이었다. 그리하여 그들은 브리튼에서 고유성을 유지했으며, 게르만적·북구적 정신이 그 나라 역사의 본질적 요소를 이루었다.

그러나 앵글로색슨족의 브리튼에서 볼 수 있는 전경은 독특한 것이었다. 대륙에서는 그와 같은 것을 찾아볼 수 없다. 게르만 원주지에 인접한 변경 지방—독자적인 역할을 수행하지 못했던—을 제외하면, 대륙에서는 '로마 세계'가 아직 존재했다. '로마 세계'의 심장부에 세워졌던 게르만 국가들에서는 종전의 상황이 지속되었다. 침입자들은 수적으로 너무 적었고 또한 로마 제국과 오랫동안 접촉해 온 까닭에 불가항력적으로 흡수되어 버렸던 것이다. 그래서 새로운 게르만 왕국들에서는 게르만적 요소가 매우 희박했다. 언어·종교·제도·예술 등에서 게르만적인 것을 전혀 혹은 거의 찾아볼 수 없다. 누군가가 이에 반대되는 견해를 갖고 있다면, 그것은 독일학파를 추종하기 때문이며, 또한 살리족과 리프아리아족 등의 게르만족 법에서 발견한 사실을 갈리아와 이탈리아 및 에스파냐 등에 잘못 적용했기 때문이다. 또한 그들은 카롤링거 시대에만 해당하는 사실을 그 이전 시대까지 소급해 보고 있는 것이다. 더구나 게르만족이 소규모 군대로 제국 내에 정착했던 상황을 고려해 보면, 그들이 제국을 게르만화하려고 했다는 주장은 터무니없는 것이다.

지브롤터 해협에서 에게해에 이르기까지, 그리고 이집트에서 아프리카의 연안·이탈리아·갈리아·에스파냐의 연안에 이르기까지 로마 제국에 의해 건설된 문명 공동체가 종말을 고하는 징후는 7세기에 아직 없었다. 게르만족 침입 이후의 새로운 세계는 고대 세계의 지중해적 성격을 잃지 않았다. 그것의 모든 활동은 지중해 연안에 집중되었으며 거기서 육성되었던 것이다. 천 년에 걸친 사회의 발전이 급작스레 중단되었음을 암시하는 예는 찾아볼 수 없다.

제2부
이슬람과 카롤링거 왕조

제1장
지중해 유역에서 이슬람의 팽창

1. 이슬람의 침공

7세기 이슬람 침공이 제국에 끼친 영향을 게르만 침략이 제국에 끼친 영향과 비교해 보면, 이슬람 침공을 잘 이해할 수 있다. 게르만족은 침략 이후 로마 문명에 동화되어, 가능하면 이 문명을 유지하려고 했다.

마호메트의 출현 이전 시기에 로마 제국은 아라비아 반도에 그다지 관심을 두지 않았다. 사막의 유목민에 대항해 시리아를 보호하는 성벽을 쌓는 데 그쳤던 것이다. 이 시리아 장성(長城)은 라인강에서 다뉴브강에 이르는 장성과 비교할 수 없는 것이었다. 그리고 제국은 이 지역을 취약 지역으로 여기지 않았고, 그래서 많은 병력을 주둔시키지도 않았다. 그 반도의 유목민인 베두인족은 부족 문명 수준에 있었고, 종교도 주물 숭배 수준을 넘어서지 못하고 있었으며, 서로 반목했다. 따라서 이들을 두려워할 이유가 없었다. 마호메트가 새로운 종교를 창시했을 때, 로마 제국이나 페르시아 제국은 내부의 혼란 때문에 마호메트의 포교 활동에 주목하지 않았다.

  마호메트가 632년에 사망했을 때는 얼마 뒤에 드러날 재앙의 조짐이 아직 없었다. 그래서 국경 방위를 강화하는 조치가 취해지지 않았다. 게르만족의 위협이 항상 비잔틴 황제의 주목을 받은 반면, 이슬람 침공은 황제가 예상하지 못한 사건이었다. 이슬람 침공의 성공 원인들 중 하나는 비잔틴 제국과 페르시아 제국이 서로 치열하게 싸우는 동안 두 제국 모두 약화되었다는 사실이다.

  유럽과 아시아에 격변을 초래한 이슬람의 진출은 유례없는 것이었다. 그 신속한 승리는 아틸라 제국 · 칭기즈칸 제국 · 티무르 제국이 거둔 승리에 필적했다. 그러나 이런 제국들은 이슬람 제국에 비하면 단명했다. 한편 이슬람교의 급속한 확산은 기독교의 완만한 전파에 비하면 진정한 기적이었다.

  수 세기에 걸쳐 로마 세계의 변두리만을 잠식하는 데 성공한 게르만의 정복은 이슬람의 침공에 비하면 사소한 것이었다. 아랍인들은 무너지고 있던 비잔틴 제국의 핵심 지역들을 점령했다. 이런 현상은 이슬람 침공이 예기치 못한 것이었다는 점, 비잔틴 군대의 혼란, 시리아의 단성론자들과 네스토리우스파 및 이집트 콥트 교회의 비잔틴 제국에 대한 종교적 · 민족적 불만, 페르시아 제국의 허약

등으로 설명될 수 있을 것이다. 그러나 이슬람의 완벽한 승리를 설명하기에 이런 이유들만으로는 미흡하다.

  게르만족보다 그 수가 많지 않았던 아랍인들이 게르만족과는 달리 정복한 문명 선진국의 주민들에 동화되지 않았던 이유는 무엇일까? 이 질문에 대한 답은 오직 한 가지다. 게르만족은 로마 제국의 기독교에 반대할 그 어떤 것도 가지고 있지 않았지만, 아랍인들은 새로운 종교에 의해 고무되었다. 그들의 동화를 막은 것은 바로 이것이며, 이것뿐이었다. 왜냐하면 종교 이외의 다른 분야들에서 아랍인들은 피정복민의 문명에 대해 게르만족과 마찬가지로 편견을 가지지 않았기 때문이다. 오히려 그들은 놀랄 정도로 신속하게 그런 문명에 자신들을 동화시켰다. 처음에 그들은 광신적이지도 않았다. 그들은 피정복민의 개종을 기대하지 않았고, 유일신 알라와 그의 선지자인 마호메트에게 복종할 것만을 요구했다. 그들이 요구한 것은, 많은 사람이 믿었던 바와 달리, 개종이 아니라 복종이었다. 그들은 정복 이후에 피정복민의 과학과 예술을 받아들였으며, 자신들에게 유용하다고 생각되면 피정복민의 제도를 채택했다. 그러나 그들은 자신들이 가는 곳마다 지배했다는 점에서 게르만족과 달랐다. 피정복민은 그들의 종속민이었으며, 이들에게만 세금이 부과되었고, 이들은 신자

공동체에서 배제되었다. 그 장벽은 넘어설 수 없는 것이었다. 피정복민과 아랍인 사이에는 융합이 가능하지 않았다. 게르만족은 정복자인 자신들이 자발적으로 정복당한 자들에게 접근했다. 이 점에서 아랍인들은 게르만족과 달랐다.

게르만족은 로마 세계에 들어오자마자 로마화되었다. 이와는 반대로 로마인은 이슬람에 정복되자마자 이슬람화되었다. 모든 환경은 심원하게 변했고, 과거와의 완전한 단절이 있었다. 이슬람이 정복한 지역에서는 이슬람법이 로마법을, 아랍어가 그리스어와 라틴어를 대체했다.

이슬람의 등장과 더불어 새로운 세계가 지중해 유역에 세워졌다. 완벽한 단절이 이루어졌고, 이런 단절은 심지어 우리 시대까지 계속되었다. 그 이후 두 개의 상이하고 적대적인 문명이 지중해 유역에 존재했다. 그리고 여태까지 기독교의 중심이었던 지중해가 장벽이 되었다. 지중해 공동체가 무너진 것이다.

이슬람 세력은 지중해 전역을 장악하려고 했다. 칼리프 무아위야의 함대가 비잔티움 해역을 침공하기 시작했다. 그 함대는 사이프러스섬을 점령했고, 황제 콘스탄스 2세가 직접 나선 소아시아 연안의 해전에서 승리를 거두었다. 그들은 로데스섬을 점령했고, 크레타와 시칠리아를 공격했다. 사이프러스섬에 해군 기지를 설치하고 나서 그들은 여러 차례 콘스탄티노플을 포위했다. 콘스탄티노플은 해전용 액체 화약인 '그리스 불'을 이용해 그들의 공격을 막아낼 수 있었다.

647년에 이븐사우드가 이슬람군을 이끌고 아프리카로 진격해서 비잔틴군에 승리를 거두었다. 그러나 유스티니아누스 치세에 건설된 요새지들은 함락되지 않았고, 비잔틴인들은 베르베르인들과 협력해 침략자들에 대항했다. 이슬람 세계의 내분으로 전투가 잠시 소강상태에 들어갔다가 660년에 무아위야의 즉위와 더불어 전투가 재개되었다. 결국 카르타고가 이슬람에 함락되었고, 카르타고의 항구인 골레타는 지중해에서 이슬람의 중요한 기지가 되었다.

아랍인들은 에스파냐도 공격했다. 그러나 675년 해전에서 서고트족 함대에 패배했다. 그 후 고트족 왕실에서 내분이 일어났고, 아랍인들은 그 기회를 이용해 에스파냐를 손에 넣었다. 이베리아 반도를 정복한 아랍인들은 이어서 프랑크 왕국을 공격하기 시작해, 720년에 나르본을 정복하고 툴루즈를 포위했다. 그 후 그들은 카르카손을 점령하고, 725년에는 오툉까지 진군해 이 도시를 약탈했다.

732년 아랍인은 또다시 프랑크 왕국을 공격해 이해 8월에 푸아티에 전투가 벌어졌다. 카를 마르텔이 승리를 거두었으나 아랍인의 위협이 사라진 것은 아니었다. 이제 해안으로 공격이 가해져 아를과 아비뇽이 함락되었다. 마르텔이 진군해 아비뇽을 탈환했고, 나르본 전투에서는 승리했지만 그 도시를 탈환하지는 못했다. 739년에 이슬람군은 또다시 프로방스를 공격했으나 이번에도 마르텔이 롬바르드족의 도움을 받아 그들을 격퇴했다. 그 이후에 아랍인들이 프로방스 해안을 장악했으나 피핀 3세가 그들을 격퇴했다. 이 승리는 이슬람의 프로방스 원정의 종말은 아닐지라도, 적어도 유럽 서부에서 이슬람 팽창의 종말을 의미했다.

한편 이슬람군은 수차례 시칠리아 원정을 감행했다. 결국 그들은 팔레르모를 점령했고 이어서 메시나, 시라쿠사도 함락함으로써 시칠리아는 그들의 수중에 들어갔다.

비잔틴 제국이 시칠리아에서 이슬람군과 싸우는 동안 샤를마뉴는 에스파냐 국경에서 이슬람군과 격전을 벌였다. 그는 사라고사에서 패배했고 그의 부대 후위는 궤멸되었다. 이후 그는 방어에 치중했다.

샤를마뉴가 사망한 후 상황은 더욱 악화되었다. 이탈리아가 이슬람의 공격을 받아 브린디시와 타란토가 약탈당했고(838), 바리가 정복되었다(840). 그리고 비잔틴과 베네치아 함대들이 패배했다. 이어 이슬람은 달마티아 연안을 침략했다(841). 849년에 교황의 주동으로 아말피·가에타·나폴리가 반(反)이슬람 동맹을 결성하고 이들의 함대는 이슬람군에 대승을 거두었다. 그럼에도 이슬람은 공격을 멈추지 않았고, 교황이 비잔틴 황제에게 도움을 청했지만 비잔틴도 당시 어려운 상황으로 도움을 줄 처지가 되지 못했다.

따라서 이슬람이 에스파냐와 특히 아프리카를 정복한 이후에 서부 지중해는 이슬람의 호수가 되어 버렸다. 함대를 보유하지 않은 프랑크 제국은 무력했다. 나폴리·가에타·아말피는 함대를 보유했지만, 이 도시들은 비잔틴과 협력하기보다는 상업적 이익을 고려해 이슬람과 관계를 맺었다. 이슬람이 결국 시칠리아를 정복할 수 있었던 것도 이들 도시의 변절 때문이었다. 다만 '그리스 불'을 가진 비잔틴 함대 때문에 이슬람군은 이탈리아에 발판을 마련할 수 없었다.

이처럼 이슬람 세력은 지중해 전역을 장악하지는 못했다. 즉 동지중해는 이슬람의 호수가 되지 못했다. 그렇지만 서지중해는 이슬람의 호수가 되어 버렸다. 이제 지중해는 이슬람교와 기독교의 국경이 되었다. 그리고 이슬람에 정복된 지중해 지방들은 이제 바그다드를 중심으로 하는 궤도 속으로 들어갔다. 이와 동시에 동방과 서방은 단절되었다. 이처럼 이슬람은 게르만 침입에도 불구하고 존속했던 지중해의 통일성을 파괴했다. 이것은 포에니 전쟁 이래 유럽사에서 발생한 가장 중요한 사건이다. 이것은 고전 전통의 종말이요 중세의 개막이다.

2. 서지중해의 폐쇄

지중해가 기독교도의 수중에 있을 때 동방과 서방이 상업적 교류를 유지할 수 있었던 것은 동방의 항해 덕택이었다. 시리아와 이집트는 동방 항해의 두 주요 중심지였다. 그런데 이 두 곳이 가장 먼저 이슬람에 정복당했다. 시리아와 이집트가 이슬람 지배하에 들어갔지만, 그곳의 모든 경제 활동이 종식된 것은 아니었다. 상당한 혼란이 잇따랐고 많은 시리아인들이 서방으로 이주했지만, 경제 조직은 붕괴되지 않았다. 향신료는 여전히 수입되었고, 파피루스도 여전히 제조되었으며, 항구는 여전히 활발했다. 정복자인 희랍인들은 기독교인들이 세금을 지불하면 그들의 경제 활동에 간섭하지 않았고, 따라서 상업은 계속되었다. 그러나 그 방향이 바뀌었다. 즉 정복된 지방에서 평화가 회복되어 상업이 재개되었을 때, 이슬람의 정복으로 열린 새로운 교역로―카스피해와 발틱해를 연결하는―를 중심으로 상업이 전개되었다.

아프리카에서는 643년부터 708년까지 지속적인 약탈로 상업 활동이 종식되었다. 그리고 711년 이슬람의 에스파냐 정복과 그 직후 프로방스 해안에서의 불안한 상황은 서지중해에서 해상 교역의 가능성을 종식시켰다. 동방으로의 항해는 650년경 중단되었고, 8세기 초가 되면 완전히 사라졌다. 비잔틴 해안을 따라서 행해지는 교역을 제외하면, 더 이상 지중해에서는 어떤 교역도 없었다. 이슬람 역사가인 이븐할둔은 "기독교인들은 바다에 판자 한 조각도 띄울 수 없었다"고 서술하고 있다. 이후 지중해는 사라센의 해적들에 의해 좌지우지되었다. 9세기에 그들은 지중해의 섬들을 점령했고, 항구들을 파괴했고, 모든 곳에서 약탈을 자행했다. 이전에 동부 지중해(레반트)와 서방 사이에 행해졌던 교역의 중심지인 마르세유는 텅 비었다. 지중해의 옛 경제단위는 무너졌고, 이런 상황은 십자군 전쟁까지 계속되었다.

어떻게 서방이 저항할 수 있었겠는가? 프랑크 왕국은 함대를 보유하지 않았다. 서고트족의 함대는 파괴되었다.

기독교인은 막강한 해군력을 갖춘 이슬람에 대항해서 어떤 시도도 할 수 없었다. 이 점은 재삼 강조할 필요가 있다. 왜냐하면 일부 저명한 역사가들은, 이슬람 정복이 그렇게 완벽한 단절을 야기했다는 점을 인정하지 않고 있기 때문이다. 그들은 7, 8세기에 시리아 상인들이 과거와 마찬가지로 이탈리아와 갈리아를 자주 왕래했다고 믿기조차 한다.

시리아가 이슬람에 정복당한 후 많은 시리아인들이 이탈리아로 건너간 것은 사실이다. 그들의 영향과 수는 상당했다. 왜냐하면 세르기우스 1세(687~701)와 콘스탄티누스 1세(708~715)처럼 시리아인 교황이 등장하기 때문이다. 그리고 이런 시리아인들 가운데 일부는 이내 북부로 이주했다. 카롤링거 국왕들은 문예부흥 운동에 그들을 채용했다. 그래서 소아시아 문화가 카롤링거 문화에 영향을 끼쳤다. 그러나 이런 사실은 문명사가에게 흥미로운 사실일지 몰라도, 그 시대의 경제에 대해서는 아무것도 말해 주지 않는다. 학자들과 예술가들의 이주는 그들이 온 지방들과 그들이 피신한 지방들 사이에 경제 관계가 있었음을 입증하는 것이 아니다. 상품의 흐름과 순례자·학자·예술가의 흐름을 혼동해서는 안 된다.

시리아 혹은 동방의 상인들이 계속 활동했음을 보여주

는 사료는 단 하나도 없다. 게다가 이슬람 침공 이전에 수입되었던 상품들이 8세기부터는 갈리아에서 더 이상 발견되지 않는다. 파피루스가 가장 먼저 사라졌다. 서방에서 파피루스에 쓴 모든 작품은 6세기나 7세기의 것이다. 메로빙거 시대에는 사무국에서 파피루스만 사용되었으나 이제 양피지가 사용되기 시작했다. 8세기 말까지도 약간의 개인 문서들에서는 여전히 파피루스가 사용되었는데, 이런 파피루스는 예전에 수입한 것을 보관했다가 사용한 것이었다. 갈리아에서 파피루스가 사라진 것은 상업이 쇠퇴하고 이어서 사라졌다는 사실에 기인한다.

파피루스처럼 향신료에 대한 언급도 더 이상 사료에서 찾아볼 수 없다. 이 시기의 매우 많은 문헌들 그 어디에도 향신료에 대한 언급은 거의 없다. 향신료는 지중해에서 상업이 재개된 12세기가 되어서야 다시 등장한다. 가자 지방의 와인도 마찬가지였다. 오일도 더 이상 아프리카에서 수출되지 않았다. 당시 사용되던 오일은 프로방스에서 생산된 것이다. 이 이후부터 교회는 양초를 이용해 불을 밝혔다. 실크도 더 이상 찾아볼 수 없게 되어서 샤를마뉴는 소박한 옷을 입었다고 알려져 있다. 그의 의복은 메로빙거 국왕들의 화려한 의복과 대조를 이루는 것이었다.

이 모든 사실에서 이슬람의 침공 결과 동방으로부터의

수입이 중지되었다고 결론 내려야 한다. 한 가지 매우 눈에 띄는 사실은 금이 점차 드물어졌다는 것이다. 8세기의 메로빙거 금화에서 이런 점을 볼 수 있는데, 그 금화는 은과 합금되어 주조되었고 은의 분량이 지속적으로 증가했다. 금이 동방에서 들어오지 않았기 때문이다. 갈리아에서는 금화가 아주 드물어서 더 이상 통화로 사용되지 않았다. 아주 드문 경우를 제외하면, 피핀과 샤를마뉴 시대부터 은화(데나리우스)만 주조되었다. 이런 사실은 당시 상황을 웅변적으로 보여 주는 것이다. 금화의 유통은 상업의 결과였다. 왜냐하면 상업이 존속한 남부 이탈리아에서는 금화가 여전히 유통되고 있었기 때문이다.

동방과의 해상 교역이 쇠퇴한 결과 직업 상인이 사라졌다. 이때부터 당시의 문서들에 상인에 대한 언급은 거의 나오지 않는다. 가끔 등장하는 상인들은 비정규적인 상인들이다. 직업 상인이 사라진 것에 대해서는 의문의 여지가 없다. 물론 상업 자체가 사라진 것은 아니었다. 교환이 없는 시대는 없기 때문이다. 그러나 이 경우의 상업은 이전과 다른 성격의 상업, 즉 소규모의 국지 상업이었다.

아프리카와 에스파냐, 심지어 시리아의 이슬람 상인들이 이전 시대 상인들의 자리를 차지했다고 상상해서는 안 된다. 이슬람 상인들이 갈리아나 이탈리아에서 활동했다는 기록은 그 어디서도 찾아볼 수 없다. 희랍 상인들은 이슬람 세계 내에서만 활동했다. 당시 서방에서 상업에 종사한 유일한 사람들은 유대인들이었다. 당시 이들이 상업으로 살아가는 유일한 계층이었다.

3. 베네치아와 비잔티움

이슬람 침공은 서유럽에서만큼이나 동유럽에서도 결정적이었다. 이슬람 침공 이전에 콘스탄티노플의 황제는 로마 황제였다. 유스티니아누스 황제는 전 지중해가 제국의 권위에 종속되어 있다고 주장했다. 이와는 반대로, 이슬람 침공 이후에 비잔틴 황제는 그리스 수역(水域)의 방어에 급급했다. 이때부터 서방은 비잔틴 황제에게서 멀어졌다.

일단 아프리카와 카르타고를 빼앗기자 비잔틴 제국의 대서방 정책은 이탈리아로 국한되었다. 그러나 이곳에서도 해안 지역만이 유지되었다. 내지에서 비잔틴 제국은 더 이상 롬바르드족을 제어할 수 없었다. 비잔틴 제국은 시칠리아·아드리아해·남부 도시들만을 유지하려고 애

썼다. 그러나 비잔틴 제국의 이런 '전초기지들'은 점점 자치적으로 되고 있었다.

이슬람의 팽창은 비잔틴 제국의 국경에서 멈추었다. 이슬람은 제국으로부터 시리아·이집트·아프리카 속주들을 빼앗았다. 그러나 그리스의 핵심 지역은 저항했다. 이런 저항은 비잔틴 제국을, 그리고 유럽을 구함으로써 더불어 기독교도 구했다. 비잔틴이 이런 저항을 할 수 있었던 주요 이유 중 하나는 막강한 제국의 함대였다.

비잔틴 제국이 근근이 연장될 수 있었던 것과 연관되는 또 다른 것이 베네치아라는 범상치 않은 도시다. 베네치아 이야기는 그 시대의 경제사에서 가장 흥미로운 한 장을 구성한다. 베네치아는 5세기에 아틸라의 훈족을 피해서 도망친 사람들이 세운 도시다. 이 도시의 주민들은 처음에 어로와 제염업으로 생계를 유지했지만, 8세기부터 상업이 발전했다. 787~791년에 샤를마뉴의 요청으로 베네치아의 상인들이 라벤나에서 추방된 적이 있었다. 이것은 베네치아 상인들이 샤를마뉴를 롬바르드 왕으로 인정하지 않으려 했고 비잔틴 제국과 밀접한 동맹을 맺었음을 입증한다. 비잔틴 제국과의 밀접한 관계는 그들에게 이익이 되었다. 비잔틴 황제는 너무 멀리 떨어져 있어서 자신들의 목표인 자치를 유지할 수 있었기 때문이다.

베네치아가 프랑크 황제에 접근했을 때 베네치아와 비잔틴 제국 사이에 불화가 발생했다. 805년에 베네치아가 샤를마뉴에게 사신을 보내 베네치아를 그의 보호령으로 삼아달라고 요청했을 때 그러했다. 이 조치는 베네치아의 당파적 갈등에서 비롯된 것으로 여겨지고 있다. 더구나 이 시기 베네치아는 달마티아 연안의 소도시들에 대한 지배를 확대하고 있었고, 비잔틴 제국의 반발을 두려워하고 있었다. 이 사건은 중요한 사건이었다. 샤를마뉴는 베네치아 사신의 요청에 응해서 즉시 베네치아를 이탈리아 왕국에 병합했다. 이 조치는 샤를마뉴 제국이 해상 세력이 되고 달마티아에 발판을 마련할 기회가 되었지만, 그는 이런 기회를 잘 활용하지 못했다. 반대로 비잔틴 제국은 재빨리 위험을 깨달았다. 그 이듬해에 함대를 파견해 베네치아의 즉각적인 굴복을 받아냈다. 그 후 샤를마뉴는 비잔틴 제국과 조약을 맺고(812) 베네치아와 달마티아 등의 도시를 비잔틴 제국에 양도했다. 이 조약으로 카롤링거 제국은 그렇게 갈망하던 바다를 양도한 셈이었다. 그리고 베네치아는 결정적으로 비잔틴 제국의 궤도 속에 들어가기 시작했다.

　샤를마뉴와 비잔틴 제국의 조약은 베네치아에 아주 유리한 것으로서, 베네치아의 위대한 미래의 조건이었다.

이 조약으로 베네치아는 동방으로 팽창할 수 있었고, 더구나 비잔틴 제국은 베네치아에 자치를 허용했다. 왜냐하면 비잔틴 제국은 이슬람과 투쟁하기 위해서 베네치아의 지원이 필요했기 때문이다. 다른 한편, 그 조약으로 베네치아는 서방에서 상업 활동을 할 수 있었다. 왜냐하면 샤를마뉴는 그 조약에서 베네치아가 프랑크 왕국에서 교역할 권리를 인정했기 때문이다. 이제 서방으로부터의 위협에서도 벗어난 베네치아는 두려울 것이 없었다. 그래서 경쟁 관계에 있는 도시를 영원히 파괴했고(875), 이후부터 북부 이탈리아의 시장들과 항구들은 베네치아의 상업에 의존했다.

이슬람의 위험이 남아 있었다. 이 점에서는 베네치아와 비잔틴 황제의 이해관계가 일치했다. 828년에 황제는 베네치아 전함의 지원을 요청했다. 그 이후 베네치아와 이슬람군 사이에 치열한 공방전이 펼쳐졌다. 베네치아는 아드리아해를 지배했고, 그럼으로써 레반트로의 항로를 확보했다. 하지만 베네치아는 이슬람과 싸우면서 다른 한편으로 이슬람과 교역도 했다. 비잔틴 황제가 이미 시리아 및 이집트의 이슬람교도와 교역하는 것을 금했지만(814~820), 베네치아 상인들은 개의치 않고 이슬람교도와 거래했다. 열 척의 배로 구성된 선단이 성 마르코의 유물을 베네치아로 가져온 곳은 바로 알렉산드리아였다. 베네치아 교역에서 가장 중요한 부문은 달마티아 해안의 슬라브족 노예무역이었다. 9세기 중엽에 베네치아 노예 상인들은 심지어 기독교도 노예들을 희랍인들에게 팔았다.

베네치아는 무엇보다도 항구이자 시장이었다. 베네치아는 과거 마르세유의 역할을 했다. 사람들은 베네치아에서 레반트로 출항했고, 건축용 목재가 베네치아에서 이집트로 수출되었다. 동방으로부터는 향신료와 실크를 들여왔다. 베네치아 상인들은 기업 정신을 가지고 있었으며, 종교에 구애받지 않았다. 이러한 베네치아는 서방과 다른 세계였다.

살레르모·나폴리·가에타·아말피에서도 상황은 비슷했다. 남부의 이러한 연안 도시들은 선박들을 보유했다. 이런 선박들은 비잔티움이 중심인 동부 지중해 지역으로 항해했다. 그렇다고 해서 베네치아를 비롯한 이 도시들이 에스파냐와 아프리카에 있는 이슬람 항구들과 관계를 단절하지는 않았다. 예를 들면, 879년에 시칠리아를 방어하기 위해 파견된 비잔틴 제독은 전시(戰時)임에도 불구하고 무역 활동을 하고 있던 이탈리아 도시들의 상선들을 나포했는데, 그 선박들에 많은 오일들이 있었다. 이는 그 선박들이 아프리카와 거래하고 있었다는 증거다.

당시 상황을 요약하면 다음과 같다. 지중해는 두 부분, 즉 동방과 서방으로 분리되었다. 이슬람 정복 전쟁이 9세기 말에 끝난 뒤 이슬람 세계는 자족적이고 바그다드를 중심으로 하는 별도의 세계를 형성했다. 아시아의 카라반이 도착한 곳이 바로 그 중심지였으며, 이곳에서 볼가강에서 발틱해에 이르는 교역로가 끝났다. 이슬람교도는 기독교도와 교역하지 않았다. 그러나 그들은 기독교도가 그들 항구에 드나들고, 노예와 목재를 이곳으로 수출하고, 이곳의 물건들을 수입하는 것을 허용했다.

그러나 기독교도의 항해는 동방에서만 활기찼다. 그리고 남부 이탈리아의 도시들은 여전히 동방과 교류하고 있었다. 비잔틴 제국은 이슬람 세력의 지중해 제해권 장악을 막는 데 성공했다. 선박들은 계속해서 베네치아로부터 아드리아 해안과 그리스 해안을 따라 콘스탄티노플로 항해했다. 더 나아가 그 선박들은 소아시아·이집트·아프리카·시칠리아·에스파냐의 이슬람 항구들에 드나들었다. 일단 이슬람 팽창의 시기가 끝나자, 이슬람 세계의 점증하는 번영은 이탈리아의 해양 도시들에 유리했다. 이런 번성 덕택에, 남부 이탈리아와 비잔틴 제국에서 진보된 문명, 다시 말하면 고대의 기반을 유지했던 문명이 살아남았다.

이와는 반대로 서방에서는 리옹만부터 티베르강에 이르는 해안이 이제 전쟁과 해적으로 적막한 오지가 되어 버렸다. 항구들과 도시들이 버려졌고 동방과의 관계는 단절되었다. 이슬람 연안과의 교류도 없었다. 카롤링거 제국은 비잔틴 제국과 아주 대조적이었다. 카롤링거 제국은 순전히 내륙 세력이었다. 왜냐하면 출구를 가지고 있지 못했기 때문이다. 서지중해 지역은 과거에 로마 제국에서 가장 활기찬 지역이었지만 이제는 가장 빈곤하고 가장 황량하고 가장 위협받는 곳이 되었다. 역사에서 처음으로 서방 문명의 축이 북부로 옮겨 갔으며, 몇 세기 동안 서방 문명의 중심지는 센강과 라인강 사이의 지역이었다. 그리고 여태까지 파괴자라는 부정적 역할만 했던 게르만족이 이제 유럽 문화의 재건에서 긍정적 역할을 하게 되었다. 결론적으로, 이슬람이 지중해의 옛 통일성을 파괴했기 때문에 고전적 전통이 무너졌다.

제2장
카롤링거가(家)의 쿠데타와
교황권의 방향 전환

1. 메로빙거 왕조의 쇠퇴

 이슬람의 침공으로 비잔틴 제국은 아프리카를 상실했고, 이탈리아에 있는 비잔틴 영토는 시칠리아를 정복한 희랍인들의 위협을 받았다. 서고트족 왕국은 멸망했다. 프랑크 왕국은 푸아티에 전투에서 승리해 이슬람의 침입을 막아 냈지만, 바다에서 단절되었다. 롬바르드족만이 아직 이슬람 공격에 직면하지 않았다. 그러나 서방에서 유럽을 새로운 기반 위에 재편하는 과업을 떠맡은 것은 프랑크 왕국이었다.

 미래는 바로 프랑크 왕국에 달려 있었다. 그러나 이 시기의 프랑크 왕국은 메로빙거 시대의 프랑크 왕국과 아주 달랐다. 왕국의 중심이 게르만적인 북부로 이동했다. 카롤링거 왕조와 더불어 유럽은 최종적으로 새로운 방향으로 향했다. 카롤링거 왕조가 등장하기 이전에 유럽은 고대적인 삶을 살았다. 그러나 모든 전통적 조건들은 이슬람에 의해 전복되었다. 카롤링거 지배자들은 새로운 왕조를 건설할 때 자신들이 이전과 다른 상황에 놓여 있음을 발견했다. 그러나 그들은 그런 상황을 이용해 새로운 시대를 열었다. 그들이 메로빙거 왕조를 타도한 쿠데타는 이슬람의 지중해 폐쇄에 의해 설명된다. 이것은 우리가 편견 없이 메로빙거 왕조의 쇠락을 연구하면 분명해질 것이다. 그런 점을 충분히 깨닫지 못했다면, 그것은 카롤링거 왕조를 메로빙거 왕조의 연속으로 여겼기 때문이다. 하지만 메로빙거 시대와 카롤링거 시대 사이에는 근본적인 차이가 있었다. 우선 그 두 왕조 각각이 직면한 유럽의 상황이 대조적이었다.

피핀 3세의 쿠데타로 두 왕조가 최종적으로 단절되었다. 그러나 그런 단절은 오래전부터 다가오고 있었다. 639년 다고베르트 1세 사후에 메로빙거 국가는 쇠퇴기에 접어들었다. 그리고 이런 쇠퇴는 근본적으로 왕정의 쇠퇴였다. 메로빙거 시대에 왕권은 절대적이었고, 이는 로마 제국의 특징이기도 했다.

메로빙거 시대의 프랑크 왕국은 국제적 역할을 하고 시종일관한 정책을 시행하는 세력이었다. 그래서 메로빙거 국왕들은 프로방스에 도달하려고 애썼고, 에스파냐에 관심을 기울여 서고트족과 갈등을 빚기도 했다. 동고트족과 유스티니아누스의 전쟁으로 프랑크 국왕들은 바다로 접근할 수 있었다. 유스티니아누스는 535년 프랑크 왕국에 도움을 요청했고, 프로방스를 양도했다. 그리고 이탈리아에 발판을 획득하려고 했던 테오데베르트 왕은 539년 베네치아와 리구리아의 상당 부분을 정복했다. 이어 프랑크 왕국은 에스파냐에 진출했으나 동고트족에 패배해 소기의 목적을 이룰 수 없었다.

에스파냐에서 저지당한 프랑크 왕국은 이탈리아를 다시 공격했으나(552) 패해 퇴각했다. 롬바르드족이 이탈리아를 침략하자 프랑크 왕국은 롬바르드족과 전쟁을 벌였다. 583년 교황의 요청에 따라 힐데베르트 2세는 롬바르드족에 대항하기 위해 비잔틴 황제와 동맹을 맺고 이탈리아에 군대를 보내 585년까지 롬바르드족과 전쟁을 벌였다. 그러나 패배해 강화 조약을 맺었다. 메로빙거 왕조의 다고베르트 왕은 이탈리아와 에스파냐에 대한 간섭 정책을 계속했다. 다고베르트는 그의 왕조의 전통적 정책의 마지막 대표자였으나 그 역시 성공하지 못했다. 그 이후, 662~663년의 성공하지 못한 한 차례의 원정을 제외하고, 프랑크 왕국은 더 이상 이탈리아나 에스파냐에 정치적 개입을 하지 않았다.

메로빙거 왕정은 북부에서도 약해지고 있었다. 튀링겐

이 독립했고, 바이에른도 거의 그러했다. 작센인들도 위협적인 태도를 취했다. 여기에 왕위 쟁탈전이 덧붙여졌고, 더 큰 문제는 어린 왕이 잇달아 즉위했다는 것이었다. 어린 왕들은 궁재(宮宰)의 손아귀에 있는 꼭두각시였다.

한편, 유통세는 왕에게 귀속되었기 때문에 상업이 번성하면 왕은 풍부한 자금을 마련할 수 있었다. 과거에 왕들은 이러한 풍부한 재정을 바탕으로 통치 기구를 장악하고 상비군이기도 한 국왕 친위대를 유지할 수 있었다. 그러나 7세기에 재정이 빈곤해지기 시작했다. 가장 큰 이유는 상업이 위축됨에 따라 줄어든 유통세였다.

상업의 쇠퇴는 왕국에서 무정부 상태가 증가한 시기인 650년경에 시작되었다. 상업 쇠퇴는 지중해 연안을 따라 이슬람이 팽창한 것으로부터 야기된 해상 무역의 소멸에 기인했다. 상업 쇠퇴는 메로빙거 왕조의 기반이었으며 상업 도시들이 있었던 네우스트리아에서 더욱 절실하게 느껴졌다. 그래서 네우스트리아에 기반을 둔 메로빙거 왕조가 쇠퇴한 반면, 상업과 화폐 경제에 덜 의존했던 아우스트라시아에 기반을 둔 세력이 득세하게 되었다. 아우스트라시아를 비롯한 북부 지방은 근본적으로 농업적이었기 때문에 상업의 쇠퇴에 영향을 덜 받았던 것이다. 그리고 상업의 쇠퇴가 모든 생활을 토지에 집중시킴으로써 토지를 소유한 귀족들의 세력은 더 강해졌다. 이때부터 왕은 귀족들의 손에 있게 되었다. 왕은 귀족들에 저항하기 위해 교회의 지지를 얻으려고 했으나, 교회 자체도 혼란 속으로 들어가고 있었다.

메로빙거 왕권의 약화로 인한 갈리아의 무정부 상태는 국가의 해체를 이끌었다. 675~680년에 아키텐은 별개의 공작령이 되었다. 반면에 상업과 도시의 쇠퇴에 영향을 받지 않았고, 사회가 전적으로 대장원을 축으로 움직였던 아우스트라시아의 세력은 더욱 강력해졌다. 이 지역 귀족들의 지도자로 대지주 가문인 피핀 가문이 등장했다. 프랑크 왕국에서 처음으로 북부의 가문, 즉 적어도 반(半)게르만적이고 로마와의 어떤 연관성도 없는 리프아리우스 프랑크족 가문이 등장해 국가에서 지도적인 역할을 하게 되었다. 피핀 가문은 로마적인 네우스트리아에 반감을 품고 있던 아우스트라시아 귀족들의 우두머리였다. 피핀 가문의 사람들이 궁재로서 영향력을 발휘할 때, 그들의 행동은 반(反)로마적이었고, 말하자면 '반(反)고대적'이었다. 우여곡절 끝에 프랑크 왕국의 유일한 궁재가 된 피핀 2세는 자신을 결코 왕의 신하로 여기지 않았기에 심지어 궁정에 출두하지도 않았다.

2. 카롤링거 궁재(宮宰)들

아우스트라시아의 궁재인 피핀 2세는 네우스트리아의 궁재를 타도한 뒤 국가의 실권을 장악했지만 왕의 곁에 머물지 않았다. 그는 왕국의 업무들 가운데 북부에서 자신의 지위를 강화하는 데 도움이 되는 것에만 관심을 기울였다. 당시 북부는 피핀의 반대파인 네우스트리아 세력이 충동질한 프리슬란트의 위협을 받고 있었다. 피핀은 프리슬란트와 전쟁을 벌여 승리했고, 이 승리는 모든 면에서 피핀의 위신을 높였다. 피핀은 직접 네우스트리아로 가지 않고 대리인을 통해 그곳의 지배권을 유지했다. 695년에 자신의 대리인인 노르베르트가 사망하자 아들인 그리모알트를 궁재로 보냈다. 이처럼 피핀 가문은 왕정을 완전히 통제했다. 그래서 그리모알트가 암살당했을 때는 그의 후임자로 그리모알트의 서자를 궁재로 임명했다. 이처럼 궁재 직은 피핀의 가문에 의해 세습되었다.

715년에 피핀 2세가 죽은 뒤 프랑크 왕국은 내분에 휩싸였다. 피핀의 서자인 카를 마르텔은 아우스트라시아 지지자들을 규합하여 네우스트리아 세력을 격파해 궁재 직에 오르고, 사실상 국정을 장악해 왕처럼 행세했다. 724년에 라인프리드를 중심으로 하는 네우스트리아인들이 마르텔에 대항해 반란을 일으켰으나 진압되었다. 이것은 네우스트리아인들의 마지막 반발이었다.

반대 세력을 척결한 마르텔은 작센인들과의 전쟁을 재개하고 바이에른 정복을 시도했다. 그는 바이에른 정복에 실패했지만 프리슬란트 합병에는 성공했다. 다른 한편으로 그는 이슬람의 침공에 맞서야만 했다. 에스파냐의 아랍인들이 720년에 첫 공격을 시작한 뒤, 732년 대대적인 공격을 감행했다. 그들은 피레네산맥을 건너 보르도를 포위하고, 가론강 유역에서 프랑크군을 격파하고 루아르강을 향해 북진했다. 이에 마르텔은 주로 아우스트라시아인들로 구성된 군대를 지휘해 이들의 공격을 막아냈다. 그리고 남부 지방을 공격한 이슬람군도 롬바르드족과 협력해 격퇴했다.

마르텔은 741년에 사망했는데, 죽기 전에 그는 국가의 통치를 두 아들인 카를로만과 피핀 3세에게 분할했다. 그러나 장남인 카를로만이 통치를 포기하고 몬테카시노의 수도원에 들어가자 피핀은 허수아비 왕을 내세워 단독으로 통치했다. 자신의 지위를 확고히 다진 피핀은 궁재라는 직책에 만족하지 않았다. 당시 그는 모든 곳에 자신의 가신을 거느렸고, 아키텐을 제외하고 왕국 전체가 그의 지배하에 놓여 있었다.

한편 피핀은 부친인 카를 마르텔과는 달리 교회와 우호 관계를 유지했다. 피핀은 보니파키우스를 통해 교황과 접촉했고, 게르마니아에서 조직되고 있던 교회들은 피핀을 보호자로 여겼다. 피핀은 자신이 실제로 소유하고 행사하는 권력을 교회의 수장인 교황에게 요구할 마음을 가졌다. 이런 동맹은 교황권에도 이익이 되기 때문에 더욱 쉽게 달성될 수 있는 것이었고, 피핀은 이런 점을 잘 알고 있었다.

3. 이탈리아, 교황, 비잔티움. 교황권의 방향 전환

서방에서 제국 통치가 붕괴되었을 때, 교회는 로마 제국의 기억과 그것에 대한 존경을 충실하게 보존했다. 교회는 제국을 섬겼을 뿐 아니라 어떤 의미에서 제국을 지속시켰다. 왜냐하면 교회의 상층은 주로 원로원 가문의 후손으로 구성되어 있었기 때문이다. 교회 전체는 제국의 법에 종속되어 있었다. 교회는 476년 서로마 황제가 폐위된 사건을 별로 중요하게 여기지 않았다. 교회는 라벤나의 황제를 인정했고, 그 후에는 콘스탄티노플의 황제를 인정했다. 더구나 교회는 황제를 교회의 수장으로 여겼다. 교황은 그의 신민이었던 것이다. 한편, 일반적으로 황제도 교황을 콘스탄티노플·예루살렘·안티오크·알렉산드리아의 대주교보다 상위에 있는, 제국의 첫 번째 성직자로 인정하고 존경했다.

서방 교회가 이렇게 무제한적으로 제국을 고수한 것은, 그레고리우스 대(大)교황 때까지 고대 로마 제국의 영역들이 교회의 영역들과 거의 일치했기에 더욱 잘 이해된다. 비록 서방에서는 현실적으로 제국이 더 이상 존재하지 않았지만, 교황에게는 여전히 제국이 존재했다. 심지어 테오도리크가 이탈리아를 통치할 때도 교황은 제국의 권위를 인정했고, 테오도리크를 제국의 관리 이상으로 여기지 않았다. 유스티니아누스 치세에 교황의 종속은 더욱 확고해졌다. 성직자들과 로마 시민들이 교황을 선출했다. 하지만 교황은 황제에게 자신의 선출을 재가해 달라고 요청했다. 그리고 교황 비길리우스(537~555) 재임 중인 550년부터, 교황은 황제의 이름으로 그의 문서들의 연대를 표시했다.

더구나 비길리우스는 황제에 의해 교황이 된 인물이었다. 전임 교황 실베리우스가 고트족과 공모했다는 이유로 벨리사리우스에게 폐위되었고, 황제 테오도시우스에 의해 비길리우스가 교황이 되었던 것이다. 유스티니아누스는 이런 상황을 이용해 황제의 종교적 절대주의를 부여받을 권리를 교황에게 주장했고, 543년 한 칙령을 반포했다. 이 칙령은 네스토리우스파라 여겨지는 3명의 5세기 신학자들을 파문하는 것으로서, 단성론자들을 만족시키고 이들과 정교 사이의 화해를 꾀하려는 것이었다. 그러나 서방인들이 항의했다. 교황 비길리우스는 그 칙령의 인정을 거부했고, 콘스탄티노플 총대주교를 파문했다. 그러나 결국 548년 굴복해 그 칙령을 인정했다. 그러나 서방 주교들의 항의에 직면한 비길리우스는 곧 그의 결정을 철회했다. 그래서 보편 종교회의가 콘스탄티노플에서 소집되었다. 비길리우스는 콘스탄티노플에 억류되어 있었지만 대다수의 서방 주교들과 더불어 그 회의에 참석하는 것을 거부했다. 황제의 명령에 불복한 비길리우스는 한 섬으로 유배되었다. 결국 그는 굴복했고, 로마로 귀환하는 것을 허락받았다. 그러나 555년에 귀환 도중에 시라쿠사에서 사망했다. 그의 후임으로 555년에 취임한 교황 펠레기우스 1세도 유스티니아누스에 의해 임명되었다.

비잔틴 제국은 롬바르드족을 제어하지 못했다. 당시 제국은 혼란에 휩싸여 있었다. 군대를 보낼 수 없었던 유스티누스 2세(520~578)는 교황에게 롬바르드족을 돈으로 매수하고, 그들에 대항해 프랑크족과 동맹을 맺으라고 조언했다. 하지만 유스티누스 후임 황제인 티베리우스 2세(578~582)의 치세에 롬바르드족은 스폴레토와 베네벤토까지 침략했다.

그레고리우스 대교황(590~604)이 즉위했을 때 상황은 더 악화되어 있었다. 교황은 외부의 도움 없이 자체적으로 로마시를 방어해야만 했고, 자신이 직접 정열적으로 로마시의 방어에 전념했다. 그리고 그는 596년부터 잉글랜드에 전도사들을 파견하기 시작했다. 이런 전도 사업의 목적은 지지자들을 얻는 것이었으며, 그런 전도 사업으로 로마 교회의 위엄도 고양될 것이라고 생각했다.

그 이후의 시기는 교황권에 결정적이었다. 당시 비잔틴 제국의 헤라클리우스 황제는 페르시아의 위협을 잠재우고 이탈리아로 눈을 돌렸다. 이슬람이 갑자기 지중해로 진출(634)하지 않았다면 비잔틴 제국은 롬바르드족으로부터 전 이탈리아를 수복할 수 있었을 것이다. 하지만 사방에서 공격받은 비잔틴 제국은 롬바르드족과의 전쟁을 포기해야만 했다. 로마시는 스스로 방어하도록 내버려졌다.

이슬람 세력이 지중해 연안의 아시아와 아프리카를 침공한 사건은 교회로서 가장 끔찍한 재앙이었다. 그 정복은 기독교 왕국의 영역을 유럽만으로 축소시켰을 뿐 아니라, 결국 서방 교회와 동방 교회가 분열되는, 즉 교황이 있는 로마와 총대주교가 있는 콘스탄티노플이 분열되는 원인이 되었다.

단성론자들이 압도적으로 많았던 시리아·팔레스타인·이집트를 페르시아로부터 재정복한 헤라클리우스 황제는 유스티니아누스가 그랬던 것처럼 교회의 통일이 회복되기를 열망했다. 예수의 신성만을 인정하는 단성론자들은 예수를 인간이자 신으로 보는 정교를 결사적으로 반대했다. 그러나 이 상반되는 관점을 조화시키는 것이 가능하다고 여겨졌던 것 같다. 왜냐하면 정교회 신자들은 예수에 두 요소가 있다는 점을 인정했지만, 그럼에도 불구하고 그들은 예수에게서 하나의 생만을 인정했기 때문이다. 따라서 단성론이라는 단일 교의에서 정교와 단성론을 화해시키는 것이 가능했을 것이다. 황제 헤라클리우스는 이슬람 침입자에 대항해서 종교적·제국적 감정의 통일성을 재강화하기 위해, 그리스도가 신성과 인성을 모두 갖고 있지만 의지는 신적 의지만을 갖고 있다는 단의론을 담은 신앙 성명서인 <엑테시스>를 공표했다. 그러나 그런 선언은 제국을 구하기에는 너무 늦게 나왔다. 이 시기가 되면 시리아는 이미 이슬람에 의해 정복되었기 때문이다.

다른 한편, 그것은 교황으로 하여금 비잔틴 제국에 반기를 드는 결과를 초래했다. 교황 호노리우스는 단성론을 이단으로 선언했던 것이다.

그때 이번에는 이집트가 이슬람에 정복당했다. 단성론의 두 중심지를 잃은 것이다. 그럼에도 불구하고 비잔틴 황제는 단의론을 포기하지 않았다. 648년 콘스탄스 2세는 <티포스>라는 칙령을 발표해 그리스도의 인성과 신성에 대한 논쟁을 금지했다. 교황은 굴복하지 않았고, 라테란 종교회의에서 교황 마르티누스 1세는 <엑테시스>와 <티포스> 모두를 이단에 물든 것이라고 비난했다. 황제는 라벤나 총독으로 하여금 교황을 체포해 콘스탄티노플로 압송하게 했다. 교황은 황제에 대한 반란을 선동했다며 유죄 판결을 받았고, 추방되어 655년 유배지에서 사망했다.

황제 콘스탄티누스 4세(668~685)는 단성론을 포기하고 680년 콘스탄티노플에서 제6차 보편 공의회를 소집했다. 이 공의회는 단성론을 단죄하고, 교황을 "세계 교회의 수장"으로 인정했다. 제6차 공의회는 단성론자들이 많았던 시리아·팔레스타인·이집트 주민과의 화해를 포기했음을 분명히 한 것이었다. 황제와 교황의 화평은 동방의 단성론적이고 일신론적인 주민들을 완전히 포기한 대가로 얻어진 것이었다. 이때부터 로마 교황은 동방을 지향하게 되었다. 680년 공의회는 로마 교회의 운명을 비잔틴 제국의 운명과 결정적으로 결부시키는 결과를 초래한 것으로 보인다. 678년부터 752년 사이의 교황들 중에 베네딕트 2세(684~685)와 그레고리우스 2세(715~731) 두 명만이 로마 출신이었다. 나머지는 시리아나 그리스 출신이었고, 아니면 적어도 시칠리아―이슬람의 시리아 정복으로 시리아인들이 대거 이주해 7세기 말이 되면 그리스화되었던―출신의 인물이었다.

동방 출신의 인물들이 자주 교황으로 선출된 것은 비잔틴 제국이 교황청 업무에 전보다 더 간섭했기 때문이 아니다. 헤라클리우스 이후 황제의 교황 선출 재가는 형식적인 것에 지나지 않았다. 비잔틴 제국이 롬바르드족과 평화 조약을 맺은 이후 이탈리아의 비잔틴령에 주둔한 군대는 그 지역에서 차출되거나 고용된 자들이었다. 그런데 교황 선출에서 이 군대가 로마의 성직자들처럼 중요한 역할을 했다. 그 군대의 장교들 대다수는 그리스화되었고 많은 성직자들도 마찬가지였다. 이런 점이 시리아나 그리스 출신이 자주 교황으로 선출된 이유다.

한편, 비잔틴 황제 유스티니아누스 2세의 사망(711) 이후 몇 년 동안 제국은 무정부 상태에 빠졌다. 이 기회를 이용해 불가리아인은 콘스탄티노플까지 진군했고, 아랍인들은 소아시아로 진군하는 한편 그들의 함대는 콘스탄티노플을 공격했다(717). 이 위기를 극복한 자가 군인으로서 제위에 오른 레오 3세였다. 그는 불가리아와 동맹을 맺는 한편, 가공할 '그리스 불'을 갖춘 함대를 이용해 아랍인들을 물리쳤다(718). 이것은 푸아티에 전투보다 더 중요한 역사적 사건이었다. 왜냐하면 이것이 콘스탄티노플에 대한 마지막 공격이었기 때문이다. 이때부터 여제(女帝) 이레네(782~803)의 치세까지 아랍인들은 억제되었고, 심지어 소아시아로 퇴각했다.

레오 3세는 종교개혁에 착수했는데, 성상 파괴가 그것이다. 이는 아마 기독교와 이슬람교 사이의 적대를 줄이고, 바울파(派)가 많았던 소아시아 지방들과 화해하려는 의도를 가진 것으로 보인다. 레오는 725~726년에 성상을 금하는 그의 첫 번째 칙령을 발표했다. 교황 그레고리우스는 그 칙령을 공개적으로 비난했다. 뒤이어 황제와 교황 사이에 첨예한 갈등이 발생했다. 자신의 권위를 교회에 부과할 수 있다는 황제의 주장에 대해 교황은 두 권력, 즉 교권과 속권의 분리를 선언함으로써 응수했다. 그레고리우스는 729년 사망했다. 그의 계승자는 시리아 출신인 그레고리우스 3세였는데, 황제에게 자신의 선출을 재가해 달라고 요청한 마지막 교황이기도 했다. 그러나 그는 즉위하자마자 성상 파괴에 반대하는 투쟁을 벌였다. 731년에 그는 종교회의를 소집했고, 이 종교회의는 성상을 파괴하는 자를 파문했다. 황제는 아드리아해 연안·시칠리아·이탈리아의 비잔틴령에 있는 모든 교구의 관할권을 교황에게서 박탈하고 콘스탄티노플 대주교에게 부여함으로써 응수했다. 이제 비잔틴 황제의 입장에서 보면 교황은 이탈리아 주교에 불과했다.

그러나 교황은 황제와의 관계를 단절하지 않았다. 교황의 이런 태도는 이탈리아 전체를 정복하려는 의도를 드러낸 롬바르드 왕 때문이었다. 로마가 롬바르드족에 함락되면 교황은 롬바르드 주교의 지위로 격하될 것이었다. 그래서 부득이하게 교황은 황제에 충성했던 것이다.

이런 항상적인 위험 속 교황은 북부에서 교황권의 진정한 전초 기지라고 할 수 있는 앵글로색슨 교회의 도움으로 게르마니아 이교 지역들의 개종에 착수했다. 앵글로색슨 교회로부터 게르마니아의 위대한 복음 전달자들이 나왔다. 윈프리드와 윌리브로드가 그들이다.

윌리브로드는 프리슬란트에서 설교하는 것부터 시작했다. 피핀 2세는 종교적 이유도 있었지만 주로 정치적 이유로 그의 사업을 후원했다. 프리슬란트인들이 기독교로 개종하면 프랑크 왕국이 프리슬란트로 진출하는 데 용이할 것이었기 때문이다. 윌리브로드는 로마로 가서 클레멘트라는 이름을 받았으며(690), 교황 세르기우스에 의해 위트레흐트의 주교로 서임되었다. 한편, 그레고리우스 2세는 윈프리드에게 로마 교리에 맞추어 프리슬란트에서 복음 전달을 계속하라는 지시를 내렸다(719. 5). 이때 그는 보나파키우스라는 이름을 받았다. 프리슬란트에서 선교 사업을 하는 기간 내내 그는 카를 마르텔의 보호를 받았다. 그런데 그는 마르텔에게 도움을 청할 것을 교황에게 조언했던 것 같다. 이탈리아에서 비참한 처지에 있던 교황이 이 무소불위한 권력자에게 도움을 청하는 것은 불가피한 선택이었을 것이다. 교황은 마르텔에게 롬바르드족으로부터 보호해 주는 대가로 비잔틴 황제와 결별할 것을 제안했다. 그러나 마르텔은 자신과 동맹을 맺어 프로방스에서 이슬람에 대항하는 롬바르드 왕과 싸울 처지가 아니었다. 그래서 그는 교황에게 사절을 보내 도움을 약속하는 것으로 그쳤다. 그러나 그 후 그 약속은 지켜지지 않았다.

741년에 그레고리우스 3세, 카를 마르텔, 황제 레오 3세가 거의 비슷한 시기에 죽었다. 그레고리우스는 자카리우스가, 마르텔은 피핀 3세가, 레오는 광신적인 성상 파괴론자인 콘스탄티누스 5세가 각각 뒤를 이었다. 자카리우스는 그의 선출의 비준을 황제에게 요청하지 않았고, 즉위 직후 롬바르드 왕과 평화 조약을 맺었다. 그리고 보니파키우스의 중재를 통해, 카를 마르텔보다 교회에 호의적이었던 피핀과 우호적인 관계를 유지했다. 이 무렵 피핀은 쿠데타를 준비하고 있었다. 그는 교황이 자신에 호의적일 수밖에 없음을 알고 있었기에 교황에게 그 유명한 제안을 했다. 즉 751년에, 피핀의 지시를 받은 주교 베르하르트와 수도원장 플라트가 교황청으로 건너가서 그 유명한 질문을 했다. "왕이라는 직함을 가진 자와 실제로 최고 권력을 행사하는 사람 중에 누가 왕이 되어야 하는가?" 피핀에게 유리한 대답이 나왔고, 이로써 메로빙거 왕조는 종말을 고했다. 가련한 메로빙거 왕은 수도원으로 보내졌다. 이렇게 해서 751년에 카롤링거 왕조와 교황권의 동맹이 이루어졌다. 그것은 자카리우스 치세에 시작되었고, 스테파누스 2세 치세에 완성되었다.

   교황으로서는 선택의 여지가 없었다. 비잔틴 황제가 롬바르드족을 몰아낼 수 있었더라면 교황은 여전히 그에게 충성했을 것이다. 그러나 749년에 롬바르드족은 그들의 정복 정책을 재개해 751년에 라벤나를 장악했다. 이어서 752년에는 롬바르드족 군대가 로마의 성벽 앞에 나타났다. 즉각적인 원조만이 그 도시를 구할 수 있었다. 자카리우스를 계승한 교황 스테파누스는 황제 콘스탄티누스 5세에게 도움을 청했으나 황제는 롬바르드족에게 사절을 보내는 것으로 그쳤다. 롬바르드족 왕 아이스툴프는 황제의 요구를 거부했다. 그러자 교황은 몸소 아이스툴프를 찾아가 정복을 포기하라고 종용했으나 그 역시 거절당했다. 거절당한 교황은 피핀의 궁전을 향해 떠났다(754).

4. 새로운 제국

교황 스테파누스 2세는 무엇을 하려고 피핀의 궁전에 갔을까? 로마의 보호를 요청하기 위해서였다. 왜냐하면 아이스툴프는 정복을 포기하라는 그의 말을 듣지 않았고, 비잔틴 황제의 사절도 아이스툴프에게서 어떤 양보도 받아 내지 못했기 때문이다. 교황은 피핀이 개입해 롬바르드족을 막아 줄 것을 간청했다. 전쟁을 원하지 않았던 피핀은 아이스툴프에게 사절을 보냈다. 그러나 아이스툴프는 피핀의 말을 듣지 않았을 뿐 아니라 수도원에 있던 피핀의 형 카를로만을 부추겨 피핀에 대항하게 했다.

이 어설픈 정책으로 롬바르드족 왕은 피핀과 갈등에

빠지게 되었다. 이번에 피핀은 진정으로 이탈리아 전체를 장악할 결심을 한 것 같다. 전쟁을 시작하기 전에 교황은 생드니에서 피핀을 축성했고, 앞으로 그의 자손이 아닌 자를 왕으로 선출하는 것을 금하고 이를 위반할 경우 파문한다고 선언했다.

피핀에게 패배한 아이스툴프는 조약을 맺고 그가 정복한 영토를 로마인들에게 돌려주었다. 비잔틴 황제는 피핀에게 막대한 금액을 제시하며 그 영토를 비잔틴 제국에 양도하도록 요청했으나 피핀은 거절했다. 이어 아이스툴프가 조약을 어기고 다시 전쟁을 일으켰으나 이번에도 패배했다. 피핀은 이렇게 해서 롬바르드족에게서 빼앗은 영토를 교황에게 주었다. 이제부터 교황은 로마시와 그 인접 영역의 주인이 되었다. 그럼에도 불구하고 그 교황은 비잔틴 황제의 이론적 지상권을 여전히 인정했다.

샤를마뉴 치세는 모든 면에서 피핀 체제가 완성된 시기였다. 샤를마뉴는 피핀의 이탈리아 정책을 계승했다. 그는 부왕 피핀이 죽은 뒤 처음에는 동생인 카를만과 공동으로 통치했으나 771년에 동생이 죽어 단일 통치자가 되었다.

이 시기에 롬바르드족 왕인 디디에르는 로마의 지배자가 될 야심을 여전히 품고 있었다. 교황 아드리아누스는 디디에르를 저지하기 위해서 샤를마뉴에게 도움을 청했고(773. 1), 샤를마뉴는 즉시 이탈리아로 진격했다. 그의 군대가 디디에르가 있는 파비아를 포위하고 있는 동안, 그는 부활절 축제에 참석하기 위해 로마시로 갔다(774). 그는 부왕이 교황에게 한 기진(寄進)을 확인했을 뿐 아니라 그 자신이 추가해서 많은 영토를 기진했다. 이어서 자신을 롬바르드 왕이라고 칭했다. 이로써 프랑크인의 왕인 그가 이탈리아의 주권자가 되었다. 게르만적인 아우스트라시아에 기반을 둔 그의 권력이 지중해까지 확대된 것이다. 그러나 그는 로마시에 머물지 않았다. 그는 지중해인이 되지 않고 북방인으로 남았던 것이다.

교황은 피핀을 교황권의 단순한 보호자로 여겼고, 피핀 자신도 보호자에 그치고 지배자가 되려고 하지 않았다. 그러나 샤를마뉴는 지배자가 되려고 했다. 그는 이탈리아를 교황에게 양도할 생각이 전혀 없었다. 그는 롬바르드의 왕이었으며, 이런 자격으로 이탈리아 반도 전체의 지배자가 되려고 했다. 그래서 그가 780년 부활절에 두 번째로 로마에 갔을 때는 교황을 견제했다.

샤를마뉴는 성 베드로에 대한 그의 존경 때문에 교황을 보호했다. 그러나 그는 피핀과는 달리 자신을 교황에 종속시키지 않았고, 교황의 권력 확대를 견제했다. 그는 심지어 교회의 문제에도 개입해 교황과 대립했다. 성상 파괴를 끝내고 성상 숭배의 전통을 회복함으로써 로마와 콘스탄티노플을 화해시킨 787년 제2차 니케아 공의회의 결정 모두를 받아들이는 것을 샤를마뉴는 거부했다. 그는 신학자들로 하여금 그 공의회에 반대하는 글을 쓰게 했고, 로마에 사절을 보내 85조의 항의를 교황에게 제시했다. 그리고 그는 최종적으로 794년에 서방의 모든 주교들을 소집해 프랑크푸르트에서 공의회를 개최하고 니케아 공의회의 결정들 가운데 여러 개를 포기했으며, 성상 숭배의 교리를 비난했다.

샤를마뉴는 교황 레오 3세에게, 자신은 "모든 기독교인들의 주군이요 아버지며, 왕이요 사제이며, 수장이자 지도자"라는 서간을 보냈다(796). 그리고 그는 교황이 준수해야만 할 지침을 작성했다. 반면에 레오 3세는 즉위하자마자 로마시의 기를 보냈고, 그의 칙서의 연대에 샤를마뉴 치세의 해를 삽입하는 새로운 양식을 도입했다.

샤를마뉴는 자신을 더 이상 로마의 귀족으로 여기지 않았다. 그는 기독교의 보호자로 행동하고 있었다. 이 시기에 그는 작센인들과 롬바르드족에 승리를 거두었고, 아바르족을 몰아냈다. 이제 그는 잉글랜드와 에스파냐를 제외한 서방의 유일한 지배자였다. 비록 비잔틴 우월성의

잔재가 여전히 '로마 세계'에 머물고 있었지만, 그런 영향은 샤를마뉴가 거주하고 있던 게르만적 지역에는 없었다. 그의 교사이자 고문인 앨퀸이 샤를마뉴를 황제로 칭한 것은 당연했다.

로마시에서 교황은 비잔틴 황제의 지배권을 부정하지 않았지만, 그는 더 이상 비잔틴 황제의 신민이 아니었다. 그가 염두에 둔 것은 서로마 제국을 부활시키는 일, 다시 말하면 서로마 제국 최후의 황제 로물루스 아우구스툴루스의 계승자를 창조하는 것만이 아니었다. 이렇게 하는 것은 로마에 황제를 다시 부활시키는 것이었고, 자신은 황제의 권위에 복속되는 것을 의미했다. 교황이 제국을 부활시키면서 의도한 것은 황제의 로마가 아니라 성 베드로의 로마, 달리 말하자면 교회 수장인 교황의 로마였다.

샤를마뉴는 스스로, 아니면 자신의 교회의 시노드(교구 사목 회의)를 통해 황제가 될 수 있었을 것이다. 그러나 교황의 발의에 의해서 황제가 된다면 기독교 왕국 전체에 훨씬 더 합법적으로 보일 것은 자명했다. 800년에 이르러 샤를마뉴는 작센과 바이에른을 정복하고, 아바르족을 제압했으며, 에스파냐를 공격했다. 서방 기독교 세계의 거의 전부가 그의 손에 있었다. 이해 800년 12월 25일, 교황이 그의 머리에 제관을 씌움으로써 기독교 제국을 축성했다. 샤를마뉴는 비잔티움의 관례에 따라, 즉 환호(전원 추거)로써 황제의 직을 받았다. 이어서 교황이 제관을 그의 머리에 씌웠고 그를 칭송했다.

그 형식에 대해 말할 것 같으면, 샤를마뉴의 황제 즉위는 합법적이었다. 비잔티움에서처럼 그는 인민의 환호를 받았다. 그러나 샤를마뉴의 즉위와 비잔틴 황제의 즉위 사이에 한 가지 중요한 차이가 있었다. 샤를마뉴를 환호한 자들은 콘스탄티노플의 인민들처럼 제국의 대표자들이 아니라, 파트리키(로마의 귀족)를 선출하는 로마의 시민들이었다. 로마 시민들의 환호는 엘베강에서 피레네산맥에 이르는 곳에 있는 샤를마뉴의 신민들을 통치할 자를 선출할 자격이 없는 것이었다. 이런 환호는 단순히 드라마였다. 사실 샤를마뉴에게 제위를 수여한 것은 교회의 수장인 교황이었고 따라서 교회 그 자체였다. 그는 교회에 의해 교회의 수호자가 되었다. 옛 로마 황제의 직함과는 달리 그의 황제 직함은 세속적 의미를 갖지 않았다. 샤를마뉴의 황제 즉위는 어떤 종류의 로마 제국 제도와도 부합하지 않았다. 일종의 쿠데타에 의해 로마를 보호했던 파트리키가 교회를 보호하는 황제가 되었던 것이다. 그에게 부여된 권한은 그를 보편적 황제로 만든 것이 아니라 특정한 황제로 만들었다. 두 교황이 있을 수 없듯이 두 황제가 있을 수 없었다. 샤를마뉴는 교황이 인식한 것처럼 보편 교회로 여겨진 로마 교회의 황제였다.

이 교회 수호자인 샤를마뉴의 권력 기반은 그가 제관을 받은 로마가 아니라 유럽의 북부였다. 고대 지중해 제국은 로마에 중심을 두고 있었지만, 새로운 제국은 아우스트라시아에 중심을 두고 있었다. 비잔틴 황제가 할 수 있는 것이라곤 샤를마뉴를 황제로 인정하지 않는 것뿐이었다. 그러나 812년에 두 제국은 평화 조약을 맺었고, 샤를마뉴는 베네치아와 남이탈리아를 비잔틴 제국에 양도했다.

그 어떤 것도 수 세기 동안 유지되었던 고대와 지중해 질서의 대변동을 샤를마뉴 제국의 탄생보다 더 명확하게 드러내 주지는 않는다. 이 제국의 탄생은, 한편으로는 동방과 서방의 분리로 교황의 권위가 서유럽에 한정되었다는 사실에, 다른 한편으로는 이슬람의 에스파냐와 아프리카 정복으로 프랑크인의 왕이 기독교적인 서방의 지배자가 되었다는 사실에 기인한다. 따라서 마호메트가 없는 샤를마뉴는 상상할 수도 없다고 말하는 것은 엄연한 진실이다.

7세기에 비잔틴 제국은 사실상 동방의 제국이 되었다. 샤를마뉴의 제국은 서방의 제국이었다. 현실적으로 두 제국 각각은 서로를 무시했다. 그리고 샤를마뉴 제국의 중심은, 이제 유럽의 중심지가 된 북부였다. 게르만적 프랑크 왕국과 더불어 중세가 시작되었다. 5세기부터 8세기까지도 지중해의 통일성이 존속했지만, 그 이후 이런 통일성의 파괴는 세계의 축을 바꾸어 놓았다. 게르만적 요소가 역사에서 그 역할을 하기 시작했다. 이제 독창적인 로마적·게르만적 문명이 발전하기 시작했다. 카롤링거 제국, 아니 오히려 샤를마뉴 제국은 중세의 발판이었다.

제3장
중세의 개막

1. 사회경제적 조직

일반적으로 샤를마뉴 치세는 경제 회복기로 여겨진다. 심지어 일부 학자들은 문학에서처럼 경제 분야에서도 실제적인 부활이 있었다고 주장하기도 한다. 그러나 이런 주장은 분명히 잘못된 것이다. 이런 주장은 위대한 샤를마뉴 제국에 호의적인 편견에서, 그리고 부정확한 관점에서 비롯된 것이다.

역사가들은 메로빙거 시대의 마지막 국면을 샤를마뉴 치세와 비교해 왔다. 이렇게 하면 회복을 지각하는 것이 어렵지 않다. 갈리아에서 혼란이 끝나고 질서가 확립되었다. 프랑크 왕국에 의해 정복되고 기독교화된 게르마니아에서는 사회 발전이 분명하게 드러난다. 그러나 당시 상황을 정확하게 평가하려면 메로빙거 시대 전체를 카롤링거 시대와 비교해야만 한다. 그러면 두 시대가 서로 상이하고 대조적이었음을 알게 된다.

8세기 이전에는 고대의 지중해 경제가 지속되었다. 8

세기 이후 이런 경제가 완전히 단절되었다. 지중해가 폐쇄되었고, 상업이 자취를 감췄다. 카롤링거 제국에서 재산의 유일한 형태는 토지였으며, 상품 유통은 최하로 축소되었다. 따라서 어떤 진보가 있기는커녕 오히려 후퇴가 있었다. 가장 활기찼던 갈리아 남부 지역은 이제 가장 낙후된 지역이 되었다. 이제 그 시대의 성격을 결정한 것은 바로 북부였다.

그러나 이런 반(反)상업적 문명에, 방금 말한 모든 것을 반박하는 것처럼 보이는 한 가지 예외가 있었다. 9세기 전반기에 프랑크 제국의 최북부는 매우 활발한 항해의 중심지였다. 이는 제국의 나머지 지역들의 침체와 현저한 대조를 이루는 것이었다. 그러나 여기에 새로운 것은 전혀 없다. 심지어 로마 제국 시대에도 스헬트강·뫼즈강·라인강이 합류하는 이 지역은 브리튼과 해상 교역을 했고, 지중해를 통해 향신료를 비롯한 여러 상품들이 수입되었다. 그러나 이런 상업은 티레네해의 상업 흐름이 연장된 것에 불과했다. 이 지역의 교역은 로마 세계 전반적인 상업 활동의 한 부분을 구성했고, 그 지역 자체는 제국의 가장 변방이었다. 그 지역의 항해는 5세기의 게르만 침략 및 색슨족의 브리튼 정복으로 심각한 타격을 입었지만 회복되어 메로빙거 시대에 계속되었다.

북부에서 번성했던 그 교역이 카롤링거 시대에 사라졌을까? 북부의 해안들은 여전히 자유로웠다. 더구나 로마 시대 이래 그 지역의 항해에 상품을 공급했던 플랑드르 직물 산업은 사라지지 않았다. 심지어 이 상업 활동의 지속에 유리했을 새로운 조건들도 있었다. 첫째, 엑스라샤펠(아헨)에 궁전이 있었다. 둘째, 평화가 회복되고 프리슬란트가 합병되었다. 그래서 노르만 침공 이전에 프리슬란트 선박들이 그 지역의 강들과 라인강 상류에 빈번하게 드나들었다. 셋째, 카롤링거 시대에 유통세가 징수되던 주요 도시들(루앙, 캉토빅, 아미앵, 마스트리히트, 두르슈테데, 퐁생트막상스)이 그 지역에 소재하고 있었다. 따라서 상업은 제국의 이 북부 변방에서 이전보다 더 활발했던 것 같다.

그러나 이런 상업은 북부를 중심으로 행해졌던 것으로서, 지중해와 어떤 연관도 없었다. 그것은 저지대 강들 외에, 브리튼과 북부의 바다를 중심으로 전개되었던 것 같다. 이런 사실 자체가 지중해가 폐쇄되었다는 증거다. 이 북부 상업에서 프리슬란트인들은 과거 지중해에서 시리아인들이 했던 역할을 했다. 이어서 스칸디나비아인들이 가세했다. 오늘날 이 지역에서 희랍 주화들과 물품들이 대량으로 발굴되는 것에서 알 수 있듯이 스칸디나비아인들은 러시아를 통해 이슬람과 교역 관계를 유지하고 있었기 때문에 그 지역의 교역에 활기를 불어넣었다.

따라서 카롤링거 제국에는 교역이 활발하게 전개되는 곳이 두 군데 있었다. 그 하나는 북이탈리아로서 베네치아 상업 덕택에 유지되는 것이었고, 다른 하나는 위에서 언급한 저지대 지방이다. 이 두 지역들에서 11세기 경제 부활이 시작되었다. 그러나 그 어느 것도 11세기 이전에 완전한 발전에 다다를 수 없었다. 저지대 지방의 교역은 곧 노르만인들에 의해 파괴되었고, 북이탈리아의 교역은 아랍인들과 이탈리아의 혼란한 상황으로 그 발전에 한계가 있었다.

따라서 카롤링거 시대는 상업이 소멸했던 시기라고 할 수 있다. 카롤링거 제국에는 캉토빅과 두르슈테데 외에 어떤 다른 상업 중심지도 없었으며, 그나마 이곳들도 9세기에 노르만인들의 공격을 받아 쇠퇴하고 다시 회복하지 못했다. 물론 당시 문헌들에서 상인과 상품들에 대한 산발적 언급을 어렵지 않게 찾아볼 수 있다. 어떤 학자들은 이런 산발적인 언급을 가지고 상업이 존재했다고 결론 내린다. 일부 학자들은 심지어 비잔티움의 경제권에 속했던 베네치아와 남부 이탈리아 도시들의 해상 상업을 카롤링거 경제를 대표하는 것으로 인용하기조차 했다. 사료에서 상업과 교환에 대한 몇몇 언급을 발견하는 것은 중요하지 않다. 왜냐하면 상업 자체는 어느 시대에도 존재하기 때문이다. 문제가 되는 것은 이런 상업의 중요성과 성격이다. 어떤 상업의 흐름을 평가하기 위해서는 잡다한 세부적 사실들이나 예외적이고 독특한 사실들보다 일반적이고 포괄적인 데이터가 필요하다. 어떤 고립된 보부상이나 선원의 존재는 교환 체제가 존재했다는 증거가 될 수 없다. 카롤링거 시대에는 금화 주조가 중지되었고, 이자를 받고 돈을 빌려주는 행위가 금지되었으며, 더 이상 직업 상인들이 없었고, 동방 상품들(파피루스, 향신료, 실크)이 더 이상 수입되지 않았으며, 속인들이 읽거나 쓸 수 없었고, 체계적인 조세제도가 없었으며, 도시는 상공업 중심지가 아니라 요새지에 불과했다. 이런 사실들을 고려하면 카롤링거 시대는 순수하게 농업적인 단계로 후퇴했고, 사회 조직의 유지를 위해 상업·신용 대부·정규적 교환이 더 이상 필요 없던 문명이 자리 잡았던 시대라고 말할 수 있다.

  이런 변화의 근본 원인이 이슬람에 의한 지중해 폐쇄였다는 점은 이미 살펴보았다. 카롤링거 지배자들은 이슬람 세력의 북부 진출을 억제할 수 있었다. 하지만 그들은 바다를 다시 열 수 없었다. 이 문제에 관한 한, 그들은 시도조차 하지 않았다. 이슬람에 대한 그들의 태도는 순전히 방어적이었다. 초기 카롤링거 지배자들, 심지어 카를 마르텔도 방어에 치중했다. 그리고 오히려 그 자신이 프랑스 남부의 도시들을 파괴했고 이렇게 함으로써 상업적이고 도시적인 조직에 남아 있던 것을 결정적으로 소멸시켰다는 사실을 망각해서는 안 된다. 그리고 피핀이 마르텔을 계승했을 때, 대다수의 사람들이 그 자신처럼 문맹이었다. 도시의 상인들이 사라졌다. 성직자들도 미개 상태에 빠졌다.

통화는 끔찍한 혼란 상태에 있었다. 유통되고 있던 금화는 사실상 없었다고 해도 과언이 아니다. 8세기 계약서에는 곡물이나 가축으로 가격이 산정되는 경우가 흔했다. 화폐의 중량이나 순도의 기준도 없었다. 피핀의 화폐 개혁은 메로빙거 시대 지중해 화폐 제도와의 완벽한 단절을 의미했다. 그 이후 과거의 금화인 솔리두스 대신 은화인 데나리우스가 주조되었다.

샤를마뉴는 피핀의 화폐 개혁을 완성했다. 그는 중세 화폐 제도의 창시자라고 할 수 있다. 그의 화폐 제도는 대규모 상업이 사라져서 화폐 유통이 이전보다 더 침체했던 시기에 확립되었다. 물론 카롤링거 제국에서도 약간의 상업 활동이 유지되고 있던 곳, 예를 들면 피레네산맥 기슭이나 스칸디나비아의 교역이 유지되던 프리슬란트에서는 금화가 조금 주조되었다. 샤를마뉴 자신도 화폐 제도를 확립하기 이전에 약간의 금화 솔리두스를 주조한 적이 있는데, 이런 사실은 그가 정상적으로 금화를 주조하지 않았음을 입증한다. 그리고 샤를마뉴의 아들인 루이 경건왕 치세에도 약간의 금화가 주조되었다.

요약하자면, 아주 예외적인 성격의 금화들이 샤를마뉴와 루이 경건왕의 이름으로 조금 주조되었지만, 이런 주화들은 카롤링거 국왕들의 화폐 제도에 포함되지 않았다. 그들의 화폐 제도는 은화만을 포함하는, 근본적으로 단본위제였다. 어쩌다 금화가 주조되었다고 해서 당시 화폐 제도가 양본위제였던 것이 아니다. 우리가 기억해야만 하는 것은 샤를마뉴 치세에 화폐 제도에서 과거와 완전한 단절이 있었다는 점이다.

샤를마뉴의 화폐 제도는 이슬람 침공 이전까지 계속되었던 지중해 경제와의 완벽한 단절을 의미한다. 은 단본위제라는 새로운 화폐 제도는 경제 후퇴의 상황에 부합하는 것이었다. 카롤링거 시대의 화폐 개혁 이전에는 전 기독교 유럽에 단 하나의 화폐 제도만이 있었다. 즉 로마와 지중해의 화폐 제도만이 있었다. 이제 두 화폐 제도가 생겼다. 각각은 비잔틴 제국과 카롤링거 제국, 다시 말하면 동방과 서방의 경제 상황에 상응하는 것이었다.

대규모 상업이 사라졌기 때문에 금화가 사라졌다는 주장은 보다 세부적으로 입증되어야 한다. 왜냐하면 이 문제는 많은 논란을 불러일으켜 왔기 때문이다. 우리가 이미 살펴보았고 또 일반적으로 인정되고 있는 것처럼, 메로빙거 시대의 상업은 서지중해에서의 항해에 의해 유지되었다. 그런데 우리는 8세기에 이슬람 세력이 지중해를 폐쇄해 기독교도가 지중해 항해를 지속할 수 없었음을 이미 살펴보았다. 8세기 이슬람의 프로방스 침입, 그리고 카를 마르텔에 의한 남부 갈리아 도시들의 파괴가 사태를 더욱 악화시켰다. 피핀 3세가 리옹만에 다시 거점을 확보하고, 님·마귈론·아그드·베지에 등의 연안 도시들을 서고트족으로부터 빼앗은 것은 사실이다(752). 그리고 에스파냐에서 옴미아드 왕조의 수립(765)으로 프랑크 왕국과 이슬람 사이의 긴장이 완화되었다. 그러나 이런 일시적 소강 상태나 리옹만의 회복은 해상 교역이 재개되는 효과를 가지지 못했다. 프랑크 왕국이 함대를 보유하지 못했고 그래서 바다에서 창궐하고 있던 해적을 소탕하지 못했기 때문이다. 바다의 안전을 확보할 수 없었던 샤를마뉴는 해안 지방을 기습해 노략질하는 무어인들에 대항해 해안 지역을 방어하는 것에 그쳤다. 샤를마뉴 사후 프랑크 국가는 더욱 무력했다. 마르세유가 침략 당했고(838), 그 후 아랍인들이 아를까지 침투했다(842, 850). 이어서 그들은 바르셀로나를 점령했다(852). 해안은 이제 공격에 그대로 노출되었다. 이탈리아 해안의 상황도 별로 나을 것이 없어서, 935년에 제노바가 약탈당했다.

이런 상황에서 지중해를 통한 교류와 교역이 중지된 것은 당연했다. 이제부터 북부에서 이탈리아로 가려는 사람들에게 열려 있는 유일한 통로는 알프스를 넘어가는 것이었다. 다른 한편, 프로방스로 이르는 통로는 이제 방기되었다. 프랑크 왕국과 에스파냐 사이에 활발한 교역이 있었다고 상상하는 것은 잘못이다. 갈리아에서 에스파냐로 수출된 유일한 상품은, 해적들과 베르됭의 유대인들이 가져온 노예들이었다.

국제 무역은 8세기 개막 이후 사망했다. 그나마 살아남았던 유일한 교역은 동방에서 생산된 귀중품 교역―유대인들에 의해 수행된―과 보부상에 의한 소규모 국지 상업이었다. 이미 살펴본 것처럼 파피루스 · 향신료 · 실크는 더 이상 프랑크 왕국으로 수출되지 않았다. 프랑크 왕국과 이슬람 사이에 어떤 상업적 교류도 없었다.

부유한 상인 계급이 사라졌다. 조세를 청부하고 돈을 빌려주는 자본가도 없었다. 도시에서 상인 계급에 대한 언급을 더 이상 찾아볼 수 없다. 여전히 비정기적으로 상업 활동을 하는 사람은 있었다. 이런 상인들은 어느 시대에도 있는 법이다. 그러나 그들은 상인 계급이 아니다. 기근이 발생하면 자기 지방의 곡물을 다른 지방에 파는, 아니면 그들 자신의 곡물을 파는 사람들도 있었다. 어떤 사람들은 위험을 무릅쓰고 국경으로 가서 그곳에서 무기를 거래하거나 이민족과 물물교환을 했다. 그러나 이것은 모험 행위일 뿐 정상적인 상업 거래라고 볼 수 없다. 엑스라샤펠(아헨)에 있는 궁정에 물건을 납품하는 업무는 상업 업무가 아니다. 더구나 그러한 납품업자는 궁정의 통제를 받는 자들이었다. 이자를 받고 돈을 빌려주는 행위가 금지된 것에서 유동자본이 상당히 축소되었음을 재삼 확인할 수 있다. 상업이 사라진 것은 상업을 위한 어떠한 출구도 더 이상 존재하지 않았다는 사실에 기인한다.

제국의 도처에 시장들이 많이 설립되어 있었고 더구나 그 수가 증가하고 있었다는 사실은 이런 주장을 반박하는 것으로 여겨질지 모른다. 각 도시마다 시장이 있었고, 심지어 요새지나 수도원 근처 등에도 시장들이 있었을 것이다. 그러나 이런 시장들을 정기시와 혼동해서는 안 된다. 카롤링거 시대에는 생드니 정기시만이 언급되고 있다. 당시의 일반적인 소규모 시장들에는 인접 지역의 농민들과 보부상, 그리고 선원들만이 드나들었다. 상품은 '데나리우스' 단위로, 즉 소규모로 거래되었다. 이런 시장을 언급하고 있는 법령집들은 그런 시장에 주로 농민들이 드나들었음을 보여준다. 이 조그만 시장들은 많은 사람들이 드나드는 곳이 아니었으며, 계란이나 가금류, 그리고 농촌의 가내수공업에서 생산된 물건들이 주로 거래되었다. 먼 지역에서 생산된 제품들은 이런 시장들에서 얻을 수 없었다. 그래서 앨퀸은 이탈리아에 사람을 보내 물건을 구입했다는 기록이 나온다. 이처럼 당시에 도매 시장들, 혹은 상품의 유통이라 할 수 있는 것은 별로 없었고, 정주 상인이나 직인의 흔적도 찾아볼 수 없다.

이따금씩 발생한 중요한 거래들, 즉 귀금속이나 진주, 가축 등의 거래는 그런 시장에서 이루어지지 않았다. 이런 전문적인 거래를 담당하는 직업 상인들은 대부분 유대인이었다. 이런 유대인들은, 몇몇 베네치아인들을 제외하면, 당시에 상업으로 생계를 유지하던 거의 유일한 사람들이었다. 그래서 당시 법령집에는 항상 유대인이라는 단어가 상인이라는 단어와 짝지어 등장한다.

에스파냐에서는 유대인들이 서고트족 왕 에기카(687~702) 치세에 기독교도와 교역하는 것을 금지당하는 등 박해를 받았지만, 프랑크 왕국에서는 그렇지 않았다. 반대로 그들은 유통세를 면제 받는 등 보호를 받았다. 이것은 그들이 프랑크 왕들에게 필요한 존재였음을 의미한다. 그들이 행한 교역은 일반적으로 대규모 원거리 교역이었다. 서방은 그들을 통해 동방과 여전히 접촉했다. 중개지는 더 이상 바다가 아니라 에스파냐였다. 에스파냐를 통해 유대인들은 아프리카 및 바그다드와 접촉했다. 일부 유대인들은 다뉴브강을 거쳐 교류했을 것이지만, 대다수는 에스파냐를 통해 교역했다. 당시 문헌에 등장하는 동방의 상품들은 유대인들에 의해 수입된 것이다. 그들은 비잔티움과 동방에서 직물을 수입하고, 향료와 고급 와인, 소금 등도 거래했다. 그 외에 무기도 거래했던 것 같다. 그러나 그들의 주 전공은 노예무역이었다. 그들이 거래한 노예들 일부는 프랑크 왕국에서 팔렸지만, 대다수는 에스파냐로 수출되었다. 9세기 말에 노예와 환관 무역의 중심지는 베르됭이었다. 이런 무역은 아주 이윤이 높았다. 노예무역은 779년 이래 몇 차례 엄격히 금지되었지만 계속되었다.

유대인과 프리슬란트인들 외에, 이 시기에 엄격한 의미의 상인은 거의 없었다. 이런 사실은 프랑크 왕들이 유대인들에게 호의를 보였다는 사실에서도 추론할 수 있다. 프랑크 왕들은 유대인들이 필수 불가결한 존재가 아니었다면 그들을 그렇게 보호하지 않았을 것이다.

간단히 말하자면, 카롤링거 시대의 전문 상인은 주로 유대인들이었다. 그러나 유대인 상인들만으로 많은 교역이 이루어지지 못했음은 두말할 나위 없다. 이 점은 향신료가 드물었고 사치품 수입이 쇠퇴했다는 점에서 분명하게 드러난다. 더구나 상품이 해로가 아니라 육로로 운송되었다는 바로 그 사실에서도 무역이 축소될 수밖에 없었음을 알 수 있다. 이 모든 것에서 상업이 쇠퇴했고, 그 결과 경제생활에서 토지가 이전보다 더 중요하게 되었다.

메로빙거 시대에는 상품 유통이 경제생활에서 중요한 역할을 했다. 지중해가 폐쇄되기 전에는 활발한 농산물 거래도 있었다. 이것에 대한 증거는 별로 없지만, 토지세나 지대가 화폐로 지불되었다는 사실에서 그렇게 추론할 수 있다. 농산물이 활발하게 거래되지 않았으면 이런 일이 발생할 수 없기 때문이다. 그러나 이런 농산물은 누구에게 판매했을까? 여전히 그 수가 많았던 도시의 주민들에게, 그리고 상인들에게 판매되었을 것이다.

하지만 카롤링거 시대에는 농산물의 이런 정상적 유통에 대한 어떤 흔적도 더 이상 발견할 수 없다. 이것에 대한 가장 좋은 증거는 교회의 조명으로 오일이 사용되지 않았고, 향신료가 사라졌다는 사실에서 찾을 수 있다. 와인의 경우도 마찬가지였다. 오히려 와인 거래의 쇠퇴는 훨씬 더 현저했다. 유대인의 중재를 통하는 방법을 제외하면, 정상적인 방법으로는 와인을 더 이상 구입할 수 없었다. 그런데 당시에 와인은 종교 활동에서 필수적이었으므로 와인을 생산할 수 있는 영지를 확보하는 데 모든 노력이 경주되었다. 물론 기근 시에, 여분의 곡물이나 와인을 가진 장원 소유자들은 그것을 팔아달라고 간청을 받았으며, 그들은 높은 가격으로 그것들을 팔았다. 그러나 우리는 이런 현상을, 역사가 도프슈가 그랬던 것처럼, 그런 상품의 정규적 거래가 존재했음을 입증하는 것으로 여길 수 없다.

그래서 당시 수도원 영지들은 자급자족적 생활에 맞게 조직되었다. 예를 들면 생리키에 수도원 영지는 수도사들의 생활에 필요한 모든 것을 생산하도록 조직되었다. 그리고 858년에 주교들이 왕에게 서간을 보냈는데, 이 서간에서 그들은 왕에게 자신들이 자급자족할 수 있도록 장원을 관리할 것을 요청하고 있다.

당시 토지(은대지)를 소유한 군사적 귀족들은 어떠한 종류의 상업에도 관여하지 않았다. 반면 자유농민은 이론적으로 판매를 위한 상품을 생산할 수 있었다. 그러나 그들은 점차 부과금과 토지세의 부담을 지게 되었다. 그들 중에는 보시로 살아가거나 수확 철에 고용됨으로써 살아가는 가련한 자들이 많이 있었다. 자유농민들이 시장 판매를 위한 상품을 생산한 증거를 발견할 수 없다. 간단히 말해서, 사회 전체가 대토지와 사법권을 가진 군사 귀족들에게 예속된 상태에 있었다. 법령집에 자유민이 자주 등장하는 것은 사실이다. 그러나 대부분의 경우 이런 사람들 각각은 자신의 영주를 가지고 있었다. 반면에 공권은 사적 성격을 띠었거나 띠어가고 있었다. 그리고 화폐와 상품의 유통은 그 최하점에 도달했다. 중세가 시작된 것이다.

2. 정치조직

많은 역사가들이 프랑크 왕국 시대를 단절되지 않은 하나의 시대로 본다. 그래서 그들은 카롤링거 시대를 메로빙거 시대의 연속과 발전으로 묘사한다. 그러나 이 점에서 그들은 다음과 같은 이유 때문에 오류를 범하고 있다.

첫째, 메로빙거 시대의 환경은 카롤링거 시대의 환경과 매우 달랐다. 6, 7세기에 메로빙거 지배자들은 지중해와 항상 접촉했다. 그리고 로마 제국의 전통은 생활의 여러 영역에서 여전히 살아남았다.

둘째, 메로빙거 시대에 게르만 영향은 북부 국경 지역에 한정되어 있었을 뿐 아니라 매우 미약해 법률과 재판 절차 등의 일부 분야들에서만 작용했다.

셋째, 대략 7세기 중반까지 지속된 메로빙거 시대와 카롤링거 시대의 개막 사이에는 혼란하고 쇠퇴했던 한 세기가 있었다. 이 기간에 고대 문명의 특징들 가운데 많은 것이 사라졌다. 카롤링거 왕조는 이런 쇠퇴에 그 기원을 두고 있다.

넷째, 우리는 '프랑크인의 왕국'이라는 명칭 때문에 착각해서는 안 된다. 프랑크 왕국은 지리적으로는 엘베강까지 뻗쳐 있었으며, 이탈리아의 일부를 포함했다. 그리고 인구 구성 면에서, 그 왕국의 백성들 중 로마인의 수와 게르만족의 수가 비슷했다.

다섯째, 국가와 교회의 관계가 완전히 달라졌다. 메로빙거 국가는 로마 제국처럼 세속적이었다. 메로빙거 왕은 '프랑크인의 왕'이었다. 반면에 카롤링거 왕은 '신의 은총을 받은 프랑크인의 왕'이었다. 표현상의 이런 조그만 변화는 교회와 국가의 관계가 심원하게 변했음을 의미한다.

이처럼 메로빙거 왕국과 이슬람의 침공에서 비롯된 카롤링거 왕국은 결코 연속적인 것이 아니라 상호 대비되는 것이었다.

메로빙거 국가의 붕괴를 야기한 대위기의 시기에 로마적인 기반들이 소멸했다. 소멸한 첫 번째 것은 바로 왕권의 개념이었다. 물론 메로빙거 왕권은 로마 황제의 전제주의가 그대로 이전된 것은 아니었다. 그럼에도 불구하고 메로빙거 시대에 국가의 모든 권력은 국왕에 집중되어 있었다. 국왕은 법 위에 있었고, 그 누구도 그를 반박할 수 없었다. 그는 고려할 것도, 고려할 사람도 없었다. 그의 권력과 가장 비슷한 것은 비잔틴 황제의 권력이었다.

메로빙거 왕조가 쇠퇴한 원인은 이러한 왕권이 점차 약화되었다는 데 있다. 그리고 이런 왕권 약화는, 왕권과 마찬가지로 로마적이었던 재정의 혼란에서 비롯되었다. 왕의 재정은 주로 세금으로 구성되어 있었다. 그런데 8세기의 대위기 동안 금화가 사라졌고 이와 더불어 공적 세금이라는 개념도 사라졌다. 이런 세금을 징수하는 자에 대한 언급이 마지막으로 사료에 등장하는 것은 피핀 치세다. 따라서 쿠데타로 수립된 카롤링거 왕정은 로마적인 공적 세금이라는 개념이 없던 그런 왕정이었다.

카롤링거 왕들은 그 이후 오랫동안 중세의 왕들처럼 왕령지의 수입 외에는 정규적인 수입이 없었다. 물론 여전히 가신들의 증여, 그리고 특히 유통세가 있었다. 그러나 이것들은 감소하고 있었다. 노르만족이 침공했을 때

왕은 조세의 부과를 포고했다. 그러나 이는 임시방편적인 것으로, 지속되지 못했다. 따라서 국왕의 재정에서 절대적인 비중을 차지했던 것이 토지(왕령지)였다. 카롤링거 왕은 권력을 유지하려면 왕국에서 최대의 지주여야 했다. 그런데 카롤링거 왕은 자신의 신하들에게 메로빙거 왕처럼 화폐로 봉급을 지불할 수 없어서, 자신의 영지 일부를 떼어 주어야만 했다. 따라서 왕령지가 줄어들었고, 이것이 왕권 약화의 심각한 원인이었다.

메로빙거 왕들과 카롤링거 왕들 사이의 또 다른 차이가 있었다. 우리가 앞에서 살펴보았듯이, 카롤링거 왕은 신의 은총에 의한 왕이었다. 피핀 치세에 도입된 축성식은 왕을 일종의 사제로 만들었다. 이에 반해 메로빙거 왕은 어떤 의미에서도 세속적 왕이었다. 카롤링거 왕은 교회의 개입에 의해서만 왕권을 받았고, 교회의 축성으로 교회의 일원이 되었다. 왕은 이제 종교적 이상을 가졌으며, 그의 권력에는 기독교 도덕에 의해 부과된 제한이 있었다. 교회는 축성식을 통해 왕을 장악했다. 그래서 예를 들면 랭스의 주교인 힝크마르는 868년에 샤를 대머리 왕에게 다음과 같이 쓰고 있다. "당신의 권위는 교회적이고 정신적인 행위인 도유식에 의한 것이다." 그리고 생트마르 공의회는 다음과 같이 선언했다. "교황의 권위는 왕의 그것보다 우위에 있다. 왜냐하면 왕은 교황에 의해 축성되지만 교황은 왕에 의해 축성되지 않기 때문이다." 축성 이후에 왕은 교회에 일정한 의무를 졌다. 왕은 전력을 다해 교회에 스며든 악폐를 치유하고, 교회를 보호하고, 십일조가 교회에 지불되도록 해야만 했다.

카롤링거 왕의 관점에서 볼 때 백성을 다스리는 것은 백성에게 교회의 도덕을 불어넣는 것을 의미했다. 그리고 주교들은 왕의 조언자요 관리였다. 왕은 그들에게 순찰사의 기능을 맡겼고, 사무국을 성직자들로 채웠다. 이런 점에서 카롤링거 왕은, 자신의 속인 심복들을 주교로 임명해 보상했던 메로빙거 왕과 현저한 차이를 보였다.

카롤링거 왕들이 성직자들 중에서 교육받은 사람들을 찾아야만 했던 부득이한 사정이 있었던 것은 사실이다. 위기의 시대 동안 세속인 교육이 단절되었기 때문이다. 궁재 자신들도 글을 쓸 줄 몰랐다. 교육을 확대하려는 샤를마뉴의 노력은 성과를 거두지 못했고, 궁전 학교에는 소수의 학생들만이 있었다. 그래서 '성직자'와 '학자'가 동의어인 시대가 시작되었다. 라틴어 지식을 갖춘 사람이 매우 드물었던 왕국에서 성직자들이 중요하게 되어 수 세기 동안 성직자들의 언어인 라틴어가 행정에 사용되었다. 이런 사실의 진정한 의미를 이해해야만 한다. 여기서 중세의 특징, 즉 성직자들이 국가에 영향력을 발휘하는 중세의 특징이 등장하기 시작했음을 알 수 있다.

카롤링거 왕은 성직자들 외에 군사 계급인 세속 귀족들을 고려해야만 했다. 메로빙거 시대의 귀족들은 카롤링거 시대의 귀족들과 아주 달랐다. 메로빙거 시대의 대토지 소유자들은 군사적 성격이 강하지 않았다. 그들은 교육받은 자들이었고, 궁전이나 교회에 채용되기를 원했다. 왕이 이런 귀족들을 등용해 통치했다. 왕은 귀족들에게 면세권을 부여했지만 왕권의 그 어떤 것도 양도하지 않았다. 메로빙거 시대의 영주는 왕권 내지 공권을 행사하지 않았던 것이다. 그러나 무정부 상태와 쇠퇴의 시기에, 궁재들이 귀족 당파들의 지원을 받아 서로 전쟁을 벌이면서 가신제는 변모를 겪었고 점차 중요해졌다. 이제 왕은 자신의 군사력을 구성하는 가신들을 고려해야만 했기 때문이다. 지방은 무질서에 빠졌다. 왜냐하면 왕의 가신들이 왕의 대리인인 백작의 명령에 따르지 않았기 때문이다. 전쟁터에서 그들은 자신의 휘하에 있는 가신들을 직접 지휘했다. 그들의 토지는 세금에서 면제되었다. 점차 국가는 왕과 그의 가신들 사이에 확립된 계약 관계에 의존하게 되었다. 이것은 봉건시대의 시작이었다.

우리는 샤를마뉴의 명성 때문에 당시 상황을 잘못 판

단해서는 안 된다. 그는 자신의 군사력과 전리품, 그리고 사실상의 교회 장악 덕택에 국가를 통치할 수 있었다. 이런 것들 덕택에 그는 체계적인 재정 없이도 지배할 수 있었고, 관료들에게 복종을 강요할 수 있었다. 그러나 더 이상 봉급이 지불되지 않은 행정이 무슨 의미가 있겠는가? 그런 상황에서 백작령이 왕을 위해서가 아니라 백작 자신의 이익을 위해서 통치되는 것을 어떻게 막을 수 있겠으며, 순찰사 같은 감시자들이 무슨 소용이 있겠는가?

국가의 경제 기반은 샤를마뉴가 보존하려고 애썼던 행정적 특징에 부합하지 않았다. 국가의 경제는 상업 판로가 없는 대영지에 기반을 두고 있었다. 대토지 소유자들은 안전이 필요하지 않았다. 왜냐하면 그들은 상업에 종사하지 않았기 때문이다. 토지라는 재산 형태는 무정부 상태를 초래하기 쉬웠다. 토지를 소유한 자는 왕이 필요 없었기 때문이다.

노르만인들이 침략하기 시작했을 때, 프랑크 국가는 이미 힘이 없었다. 그 국가는 체계적인 방어를 할 수 없었고, 침략자들에 대항해서 군대를 소집할 수도 없었고, 방어자들 사이에서 협조도 이루어질 수 없었다.

3. 지적 문명

  프랑크족·알라만족·바이에른족이 대규모로 정착했던 지방들을 제외하면, 게르만족 침입이 '로마 세계'의 언어인 라틴어를 소멸케 하는 결과를 초래하지 않았다. 여타의 지역에서는 게르만 이주민들이 놀랄 만큼 신속하게 로마화되었던 것이다. 라틴어를 사용하는 토착 로마 여인들과 결혼한 게르만인들이 라틴어를 습득했던 것이다. 게르만족이 대부분이었던 벨기에의 여러 지방으로부터 농업·법률·수렵·전쟁 등에 관련된 게르만 용어들이 남하해 이 용어들을 받아들인 것 외에는 라틴어가 변하지 않았다. 부르군트족·동고트족·서고트족·반달족·롬바르드족 등의 로마화는 훨씬 더 신속했다. 고트족의 에스파냐의 경우, 지명과 인명을 제외하고 고트어가 하나도 남아 있지 않았다고 알려져 있다.

  게르만족 침략의 경우와는 반대로, 이슬람 침공으로 지중해 세계에 초래된 혼란은 언어의 심각한 변화를 초래했다. 아프리카에서는 라틴어가 아랍어로 대체되었다. 이와 달리 에스파냐에서는 라틴어가 존속했으나 그 기반을 박탈당하고 말았다. 즉 이제 에스파냐에는 더 이상 학교나 수도원들이 존재하지 않게 되었으며 교양 있는 성직자도 없었다. 피정복민들은 문어(文語)가 아닌 로마어계 방언만을 사용했다. 정복당하기 직전까지만 해도 이베리아 반도에서 성공적으로 존속했던 라틴어는 이제 사라져 버렸다. 사람들은 이제 '에스파냐어'를 사용하기 시작했던 것이다.

그러나 라틴어가 혼란했던 정도와 그 원인을 가장 잘 관찰할 수 있는 곳은 갈리아 지방이다. 메로빙거 왕조 시대의 라틴어는 조잡스러울 정도로 부정확했으나 그때까지만 해도 상용 라틴어였다. 더구나 그것은 실용 교육이 행해지던 학교들에서도 가르쳤던 것으로 보이며, 주교들과 원로원 의원들이 변함없이 고전 라틴어를 사용했다. 메로빙거 왕조의 라틴어는 결코 비속어가 아니었고 게르만어의 영향을 받은 흔적도 거의 찾아볼 수 없었다. 라틴어를 사용한 사람들은 '로마 세계'의 어느 곳에서나 의사 소통을 할 수 있었다. 라틴어는 문어인 동시에 구어였던 것이다. 교회는 이 언어를 사용했고 세속인들도 라틴어를 배웠다.

그러나 8세기에 이런 라틴어는 혼란의 와중 소멸될 운명에 처했다. 정치적 무정부 상태, 도시와 상업 및 행정조직, 그리고 세속 학교의 소멸 등으로 라틴어 자체의 존속이 불가능했다. 라틴어는 세속화되어 각 지방에 따라 다양한 방언들로 변모했다. 800년경에는 성직자들을 제외하고 누구도 라틴어를 사용하지 않았다. 그리하여 바로 이 시기에 라틴어는 일상어의 자리에서 물러나고 대신 조야한 방언이 그 자리에 들어섰는데, 이런 방언에서 후일의 여러 국어들이 파생되었다. 또한 수 세기를 통해 라틴어는 학문적인 언어가 되었으며 이것이 중세의 특징인데, 이런 현상이 시작된 것이 바로 이 시기였다.

이런 현상의 출발점이 추적될 수 있는 유일한 곳이 앵글로색슨족의 브리튼이다. 이 지방의 개종은 바로 이웃에 있는 갈리아가 아니라 지중해 연안에서 전파된 기독교에 의한 것이다. 아일랜드의 켈트족 출신 수도사들에 의해 이미 시작되었던 개종 운동을 더욱 촉진한 것은 596년 그레고리우스 대교황이 파견한 수도사들이었다. 그 뒤 브리튼에서는 하나의 새로운 문화가 발달하기 시작했다. 순수한 게르만족인 이들 앵글로색슨족에게 라틴 종교와 더불어 라틴 문화가 소개되었다. 로마의 영향과 지도하에서 개종되자 앵글로색슨족은 성스러운 도시인 로마로 눈을 돌렸다. 그들은 그곳을 꾸준히 방문해 성유물과 필사본들을 가지고 왔다. 그리고 그들은 자신들에게 비할 바 없는 매력을 가진 성스러운 언어인 로마의 언어를 배웠다. 이미 7세기에 그 학식이 전 유럽의 수준으로 볼 때 참으로 놀

라웠던 시인 알드헬름과 가경자(可敬者) 비드와 같은 인물들이 앵글로색슨족에서 배출되었다.

샤를마뉴의 치세에 일어났던 학예 부흥은 앵글로색슨족 전도사들의 업적이었다. 그들의 목적은 메로빙거 왕조의 교회가 하지 못했던 일, 즉 게르마니아에 기독교를 전파하는 것이었다. 이런 목적은 카롤링거 왕조의 정책과도 일치한 까닭에 게르만 교회의 조직자인 보니파키우스의 지대한 영향력도 가능했던 것이며, 또 그가 교황과 피핀 사이의 중개자 역할도 할 수 있었던 것이다. 샤를마뉴는 교회를 부흥하는 과제와 병행해 학예를 부흥시키는 일에도 전력을 다했다. 앵글로색슨 문화의 으뜸가는 대표자이며 요크 학교의 교장이었던 앨퀸은 782년에 궁정 학교의 교장으로서 샤를마뉴의 학예 정책에 참여했으며 그 후로도 당대의 학예 운동에 결정적인 영향을 끼쳤다.

이리하여 북방 유럽은 학예상의 중심지로서나 정치사상의 중심지로서나 남방을 대신하게 되었다. 이제 지중해에서 계승한 문화를 전파해 나간 사람들은 북방의 앵글로색슨족이었다. 해협을 건너 대륙에서는 일상어였던 라틴어가 앵글로색슨족에게는 처음부터 교회의 언어였다. 앵글로색슨족이 배운 라틴어는 세속 생활의 필요에 따라 변형된 라틴어가 아니라, 지중해 연안의 학교에서 그때까지 통용되어 온 라틴어였다. 이러한 경위로 앵글로색슨족은 언어의 개혁자인 동시에 교회의 개혁자가 되었다. 카롤링거 르네상스는 고대 전통의 부활인 동시에 이슬람교도가 지중해 지방을 장악함으로써 초래된 로마 전통과의 단절이기도 했다. 카롤링거 왕조의 르네상스는 속인 사회가 대체로 문맹이었던 시기에 일어났다. 메로빙거 시대에는 속인들이 읽고 쓰는 방법을 알고 있었으나, 카롤링거 시대에는 사정이 달랐다. 이 운동을 자극하고 뒷받침한 장본인인 샤를마뉴 자신도 문맹이었다. 카롤링거 시대부터는 읽고 쓸 줄 아는 사람들을 모집할 필요가 있을 경우 그들을 교회에서 구했다. 그런 드문 경우를 제외하고는 국왕의 관료제가 더 이상 존재하지 않았기 때문에 교육받은 사람이 별로 필요하지도 않았다. 귀족층은 이제 라틴어로 대화할 수 없게 되었으며, 읽을 수도 쓸 수도 없었다.

그때까지 지중해 연안의 여러 지방들에서 융성했던 문화는 북방으로 이동해 버렸다. 중세의 문화가 세련된 것은 이 북방에서였다. 또 하나 눈에 띄는 사실은 이 시대의 대다수 저술가들이 아일랜드인과 앵글로색슨족, 그리고 프랑크족 출신이라는 점이다. 즉 그들은 센강 이북 지역 출신인 것이다. 이처럼 개종한 지 얼마 되지 않은 북방 출신의 사람들이 중요한 역할을 하기 시작했다. 당시까지

전적으로 로마적이었던 문화가 점차 로마화·게르만화되어 가고 있었으며, 또 이 문화는 교회라는 좁은 세계 속에 폐쇄되고 있었다.

한편, 샤를마뉴 자신과 그의 궁정은 메로빙거 왕조보다 훨씬 덜 라틴화되어 있었다. 새로운 통치 제도에서 많은 관리들이 게르만인 중에서 보충되었다. 샤를마뉴의 부인들은 모두 게르만 여성들이었다. 그리고 이 시대에 주장관 제도의 도입과 같은 몇몇 사법 제도의 개혁은 이 왕조가 창시된 아우스트라시아, 즉 게르만적 성격이 강한 지방에 그 기원을 두고 있었다. 그리고 성직자들도 피핀의 치세에 게르만화되었으며, 샤를마뉴의 시대가 되면 로마적 성격이 강한 지방에서도 게르만 출신의 주교들이 많았다.

이 모든 현상 때문에 로마적·지중해적 전통과의 단절이 발생했고, 서방이 더 자립하게 되었다. 서방 세계는 이제 스스로 생활을 영위하게 되었으며, 종교 문제를 제외하고는 외부 세계로부터 아무런 지시도 받지 않고 그 자체가 갖고 있는 가능성과 실체를 펼쳐 나갈 준비를 하고 있었다. 이제 하나의 문명 공동체가 형성되었는데, 카롤링거 제국은 그것의 상징이자 도구였다.

결론

위에서 살펴본 자료들로부터 우리는 다음 두 가지 기본적인 결론을 이끌어 낼 수 있을 것이다.

1. 게르만족의 침입은 고대 세계의 지중해적 통일성을 파괴하지 않았고, 서방에서 황제가 사라지는 5세기까지도 존속한 로마 문명의 진정한 본질적 특징으로 간주할 수 있는 것도 파괴하지 않았다.

게르만족 침입으로 인한 혼란과 파괴에도 불구하고 그 어떤 새로운 원리도 출현하지 않았다. 경제적·사회적 질서 및 언어적인 상황에 있어서나 현존하던 제도에 있어서나 마찬가지였다. 문명이 살아남은 것은 지중해 덕택이었다. 문화가 보전된 곳은 연안 지방이었으며, 그 시대의 혁신들, 즉 수도원 생활·앵글로색슨족 개종·'만족의 미술' 등이 발전한 곳도 바로 연안 지방이었다.

동방은 비옥한 지역으로서, 그곳에는 세계의 중심인 콘스탄티노플이 있었다. 600년의 세계의 형상은 400년의 그것과 질적인 차이가 없었다.

2. 고대 전통이 단절된 원인은 급작스럽고 예기치 않은 이슬람교도의 진출이었다. 이 진출의 결과는 동방과 서방의 최종적 분리였고, 지중해적 통일성의 종말이었다. 서

방 공동체의 일부를 형성했던 아프리카와 에스파냐는 바그다드의 궤도에 이끌리게 되었다. 이들 지역에 또 다른 종교가 그 모습을 드러냈고, 전혀 다른 문화가 출현했다. 이제 이슬람교도의 호수가 된 서지중해는 더 이상 과거에 항상 그랬던 것 같이 사상과 교역의 통로가 아니었다.

서방은 봉쇄되었고 그 자신의 자원으로 삶을 영위할 수밖에 없었다. 역사상 처음으로 생활의 축이 지중해에서 북방으로 옮겨졌다. 이러한 변화의 결과로 메로빙거 왕조가 쇠퇴했고 그 대신 게르만적인 북방에 기원을 둔 새로운 왕조인 카롤링거 왕조가 탄생했다.

교황은 동로마 황제가 이슬람교도와의 투쟁에 몰두해 더 이상 자신을 보호해 줄 수 없게 되자 그와 결별하고 이 새로운 왕조와 동맹했다. 그리하여 로마 교회도 새로운 질서와 결연을 맺게 되었다. 이러한 변화의 모든 결과가 샤를마뉴 이후에 명확해졌다. 로마 교회의 봉건성에 의해 지배된 유럽은 각 지방에 따라 조금씩 다르게 새로운 형상을 갖추었다. 전통적인 용어를 빌리면 이른바 중세가 시작되고 있었다. 이행의 국면은 오래 끌었다. 650년부터 750년까지 약 1세기 동안 지속되었다고 할 수 있다. 고대의 전통이 사라지고 새로운 요소들이 표면에 떠오른 것은 바로 이런 혼란의 시기 동안이었다.

이러한 발전은 800년에 새로운 제국이 건설됨으로써 완성되었다. 새로운 제국의 건설은 서방에 새로운 로마 제국을 탄생시킴으로써 서방과 동방의 단절을 확정 지었다. 이것은 콘스탄티노플에 줄곧 존재하고 있던 구제국인 비잔틴 제국과 단절되었다는 명확한 증거다.

해설

　≪마호메트와 샤를마뉴≫는 유럽 중세의 개막을 아주 새롭고 독창적인 관점에서 해석하고 있는 저서로서, 피렌 학문 세계의 결정판이라고 할 수 있다. 중세의 시작에 관한 '전통적 학설'은 널리 알려져 있듯이 게르만족의 침입과 서로마 제국의 멸망으로 중세의 시작을 설명한다. 간단히 말하자면, 게르만족의 침입으로 서로마 제국이 멸망했고, 이때부터 중세가 시작된다는 것이다. 그래서 서로마 제국의 마지막 황제인 로물루스 아우구스툴루스가 게르만 용병 대장인 오도아케르에 의해 폐위된 476년은 고대가 끝나고 중세가 시작되는 해로 여겨지기도 한다.

　피렌은 18세기 영국의 역사가 에드워드 기번이 제시한 이래 일반적으로 통용되는 이러한 '전통적 학설'을 단호히 거부한다. '피렌 테제'의 핵심을 다소 거칠게 한마디로 요약하자면, 대격변이 발생해 새로운 시대, 즉 중세가 시작된 것은 게르만족 침입이 아니라 이슬람 침공 때문이었다는 것이다. 따라서 이 책은 크게 두 부분으로 구성되어 있다. 제1부(<이슬람 침입 이전의 유럽>)는 게르만족 침입으로 역사의 흐름상 큰 변화가 발생하지 않았다는 점에 초점을 맞추고 있다. 그의 표현을 빌리자면, 게르만족 침입에도 불구하고 "고대의 전통과 지중해 세계의 통일성"은 근본적으로 유지되었다는 것이다. 제2부(<이슬람과 카롤링거 왕조>)는 게르만 침입과는 달리 이슬람의 침공으로 고대의 전통과 지중해의 통일성이 파괴되어 새로운 시대, 즉 중세가 시작되었다고 말한다.

제1부에서 피렌이 먼저 주목하는 것은 로마 제국과 지중해의 관계다. 그에 따르면 로마 제국은 지중해를 중심으로 하는 해양 제국이었다. 로마 제국의 핵심을 이루는 지역들은 대체로 로마인들이 '우리들의 바다'라고 불렀던 지중해 연안에 자리 잡고 있었다. 지중해에서 멀리 떨어져 있는 지역들, 예컨대 라인강과 다뉴브강 및 유프라테스강에 인접한 지역들이나 사하라 사막 접경 지역 등은 로마 제국에서 핵심 지역이 아니었고, "로마 제국을 보호하기 위한 거대한 전방 방어선"에 불과했다. 그리고 지중해가 사상·종교·상품의 통로 역할을 했기 때문에 로마 제국의 통일성, 즉 "지중해 세계의 통일성"이 유지될 수 있었다.

이어서 피렌은 게르만족 침입이 끼친 영향을 '전통적 학설'과 다르게 파악한다. 5세기에 게르만족이 침입해 제국의 서부에 게르만 왕국들을 세운 것은 격변으로 보이지만 사실은 그렇지 않으며, 따라서 과거와 근본적으로 달라진 것이 없었다는 것이다. 제국에 정착한 게르만족은 수적으로 너무 적었으며, 게다가 그들은 고전적 전통을 파괴할 의도가 없었고 ("게르만족은 로마 제국을 경멸하기는커녕 찬양했다") 또 그럴 능력도 없었다. 그들은 침략 이후 로마 문명에 동화되어, 가능하면 이 문명을 유지하려고 했다. 게르만족이 파괴한 것은 "로마 제국이 아니라 로마 제국의 정부"에 불과했다. 그래서 게르만 왕국들에서는 "게르만적 요소가 매우 희박"해 "언어·종교·제도·예술 등에서 게르만적인 것을 전혀 혹은 거의 찾아볼 수 없다"는 것이다. 결론적으로, 게르만족 침입은 "고대 세계의 지중해적 통일성을 파괴하지 않았고", "로마 문명의 본질적 특징으로 간주할 수 있는 것도 파괴하지 않았다"는 것이다. 따라서 게르만 침입에도 불구하고 "천 년에 걸친 사회의 발전이 급작스레 중단되었음을 암시하는 예는 찾아볼 수 없다".

제2부에서 피렌은 7세기 이슬람의 침공이 끼친 영향을 검토한다. 그가 먼저 지적하는 것은 이슬람의 침입이 게르만 침입과는 달랐다는 점이다. 이때 중요한 것은 종교였다. 게르만족은 기독교에 적대적이지 않았지만, 이슬람

교도는 그렇지 않았다는 것이다. 그래서 침략한 아랍인들은 게르만족과는 달리 정복한 문명 선진국의 주민들에 동화되지 않았다는 것이다. 따라서 이슬람 침공으로 모든 것이 변해, 과거와의 단절이 발생했다는 것이다. 다시 말하면, "이슬람은 게르만 침입에도 불구하고 존속했던 지중해의 통일성을 파괴했고", 이것은 "포에니 전쟁 이래 유럽사에서 발생한 가장 중요한 사건"으로서 "고전 전통의 종말"과 "중세의 개막"을 알리는 것이었다.

이슬람 침공으로 혼란했던 약 1세기(650~750) 동안 달라진 것 중 피렌이 먼저 지적하는 것은 동방과 서방의 교류 중단이다. 즉 이슬람이 아프리카 북부, 이베리아 반도, 시칠리아 등을 정복함으로써 지중해의 통일성이 파괴되었고, 서지중해가 폐쇄됨에 따라 서방에서는 원거리 상업이 사실상 자취를 감추게 되었다는 것이다. 그리하여 서방에서는 과거에 가장 활기찬 지역이었던 지중해 연안이 오지로 변하고, 이제 서방의 중심은 북부로 옮겨 갔다. 이런 현상은 프랑크 왕국에도 영향을 끼쳤다. 상업 도시들이 있었던 네우스트리아에 기반을 두었던 메로빙거 왕조가 쇠퇴하고, 농업을 중심으로 하는 아우스트라시아에 기반을 둔 세력이 득세하게 되었다. 프랑크 왕국에서 카롤링거 왕조의 등장은 이런 배경하에 이루어졌다. 한편 이슬람 침공은 교회와 교황권의 방향 전환을 초래했다. 비잔틴 황제가 이슬람과의 투쟁에 전념하느라 교황을 보호해 줄 수 없게 되자, 교황은 카롤링거 왕조와 손을 잡을 수밖에 없었다. 결국 교황은 교회의 보호자로 샤를마뉴를 택하고 그에게 제관을 씌워줌으로써 서방에 샤를마뉴 제국(프랑크 제국)이 탄생했던 것이다. 피렌은 이런 상황을 그 유명한 "마호메트가 없는 샤를마뉴는 상상할 수도 없다"라는 말로 표현했다.

≪마호메트와 샤를마뉴≫가 출판된 후 이 책의 내용을 둘러싸고 다양하고 무수한 논쟁이 벌어졌다. 아주 세부적인 면에서 그의 학설을 지지하거나 비판하는 연구들도 많이 나왔다. 그래서 린 화이트는 "20세기 역사서 가운데 피렌의 이 저서만큼 폭발적인 연구를 유발한 저서는 없었을 것이다"라고 말한 적이 있다. 역사학이 발전해 새로운 사실들이 밝혀지면서 그의 주장들 가운데 오늘날에는 받아들일 수 없는 것들이 분명히 많다. 하지만 우리가 염두에 두어야 할 사실이 있다. 피렌 서거 50주년을 기념해 열린 학술 대회에서 데스피(Despy)는 다음과 같이 말한 적이 있다. "피렌은 기술(記述) 사료에 관한 한 절망적인 상황에서 연구했다는 사실을 잊어서는 안 된다. 문서 사료의 경우도 마찬가지다. 중세 초기 역사 연구에 있어서 고고

학의 기여는 최근의 일임을 상기해야 한다. 그가 연구할 때는 미간행 사료의 체계적인 이용도 시작되지 않았다." 이 말에서도 짐작할 수 있듯이, 피렌 이후 고고학을 비롯한 다양한 연구 방법, 그리고 체계적인 사료의 발굴과 연구 등으로 새로운 사실들이 많이 밝혀졌다. 따라서 이 책에서 '사실(fact)'이라는 측면의 오류를 찾아내는 것은 그리 어려운 일이 아닐 것이다. 하지만 이 책의 진정한 가치는 그의 독창적인 관점에 있을 것이다. 그리고 카롤링거 시대에 유럽의 중심이 지중해 지역에서 북부로 이동했다는 지적을 비롯한 그의 여러 주장들은 오늘날에도 설득력을 잃지 않고 있다고 생각된다.

지은이에 대해

앙리 피렌(1862~1935)은 1862년 12월 22일 벨기에의 베르비에에서 직물업에 종사하는 집안의 8남매 중 장남으로 태어났다. 부친은 그가 엔지니어가 되기를 바랐지만 역사가가 되겠다는 그의 고집을 꺾을 수 없었다. 그는 리에주 대학교에 진학해 1883년에 중세 디낭을 주제로 하는 논문을 써서 박사 학위를 받았다. 학위를 취득한 다음 해인 1884년에 그는 장학금을 받아 독일로 건너가 라이프치히와 베를린에서 공부했다. 이어서 1885년 파리에서 국립 고문서 학교와 파리 고등 연구원에서 수학했다. 1886년 그는 20대 중반의 젊은 나이에 겐트 대학의 교수로 임명되어 중세사와 벨기에 역사를 담당했으며, 1930년 정년퇴직을 할 때까지 이 대학에서 근무했다.

제1차 세계대전은 개인적으로나 학문적으로 피렌에게 큰 영향을 끼쳤다. 1914년 8월 3일 독일군이 벨기에를 침공했고 그의 아들 피에르 피렌이 전사했다. 한편, 피렌은 독일 역사가 카를 람프레히트와 학문적으로나 개인적으로 돈독한 관계를 유지하고 있었는데, 람프레히트가 벨기에인들을 독일에 협력하게 하는 사업의 책임자가 되자 그와 절교했다. 독일군은 저명한 역사가인 피렌이 대학에서 강의를 계속하도록 했다. 그러나 피렌은 저항운동에 참여했고, 체포되어 독일로 압송된 1916년부터 종전을 맞은 1918년까지 포로수용소에 수감되었다. 이곳에서 그는 동부전선에서 포로로 잡힌 소련 병사들로부터 러시아어를 배우는 한편, 벨기에 포로들에게 벨기에의 역사를 가르쳤으며, 순전히 기억에 의존해 ≪유럽의 역사≫를 집필했다.

제1차 세계대전은 학문적으로도 피렌에게 큰 영향을 끼친 것으로 알려져 있다. 피렌이 체포되어 심문받을 때 독일군 장교가 왜 독일어를 잘하면서 프랑스어로 답변하는 것을 고집하느냐고 묻자, "나는 1914년 8월 3일 이후 독일어를 잊었다"고 대답했다고 한다. 이 일화에서 알 수 있듯이 1차 대전 이후 그는 '게르만주의'에 비판적인 입장을 보였다. 그리고 그는 독일에서 공부할 때 마르크스주의의 영향을 받아 결정론적 관점을 가지고 있었는데, 점차 우연한 사건이나 개인의 역할 등에 중요성을 부여한 것도 1차 대전에 대한 그의 경험에서 비롯되었다고 알려져 있다.

그의 주요 저작은 크게 세 종류로 나눌 수 있을 것 같다. 첫째, 중세의 개막에 관한 것으로, 대표적인 저작이 바로 ≪마호메트와 샤를마뉴≫다. 피렌은 생전에 자신의 손으로 이 책을 탈고하지 못했다. 그가 죽은 후 제자 베르코트랑이 아직 미완성 상태에 있는 각주 등을 보충한 뒤 그의 아들 자크 피렌이 1937년에 이 책을 출판했다. 둘째, 중세도시에 관한 것으로, 이에 관한 대표적인 저서로 ≪중세도시≫(1927)가 있다. 셋째, 국내에는 잘 알려져 있지 않지만 그는 자신의 모국 벨기에의 역사에 상당한 관심을 가졌던 것으로 알려져 있다. 이에 관한 대표적인 저서로 ≪벨기에의 역사≫(7권, 1899~1932)가 있다. 이외에 포로수용소에서 집필하기 시작했으나 완성하지 못한 ≪유럽의 역사≫(2권)가 손질을 거친 뒤 (기억에 의존해 썼기 때문에 연도 등은 대부분 괄호로 표시되어 있었다고 한다) 1956년에 뒤늦게 출판되었다.

옮긴이에 대해

강일휴는 고려대학교 인문대학 사학과를 졸업했으며 (1981), 고려대학교 대학원에서 중세 프랑스 코뮌에 대한 연구로 박사 학위를 받았다(1992). 수원대학교 사학과 교수를 거쳐 현재는 수원대 명예교수이다. ≪서양 중세사 강의≫(공저, 2003)를 썼으며, 앙리 피렌의 ≪중세 유럽의 도시≫(1997), 조르주 뒤비의 ≪서기 천년≫(1999), 콘스탄스 브리텐 부셔의 ≪중세 프랑스의 귀족과 기사도≫(2005), 린 화이트의 ≪중세의 기술과 사회 변화≫(2005)를 번역했다. 주로 서양 중세도시와 중세 문화에 대해 연구했다.

원서발췌 마호메트와 샤를마뉴

지은이 앙리 피렌
옮긴이 강일휴
펴낸이 박영률

초판 1쇄 펴낸날 2012년 1월 10일
개정1판 1쇄 펴낸날 2010년 11월 22일
개정2판 1쇄 펴낸날 2012년 1월 10일
개정3판 1쇄 펴낸날 2023년 10월 20일

지식을만드는지식
출판등록 제313-2007-000166호(2007년 8월 17일)
02880 서울시 성북구 성북로 5-11
전화 (02) 7474 001, 팩스 (02) 736 5047
commbooks@commbooks.com
commbooks.com

ⓒ 강일휴, 2023

지식을만드는지식은
커뮤니케이션북스(주)의 고전 출판 브랜드입니다.
이 책은 저작권자와 계약해 발행했으므로, 본사의 서면 허락 없이는
어떠한 형태나 수단으로도 이 책의 내용을 이용할 수 없습니다.

ISBN 979-11-288-6828-3 03920

책값은 뒤표지에 있습니다.